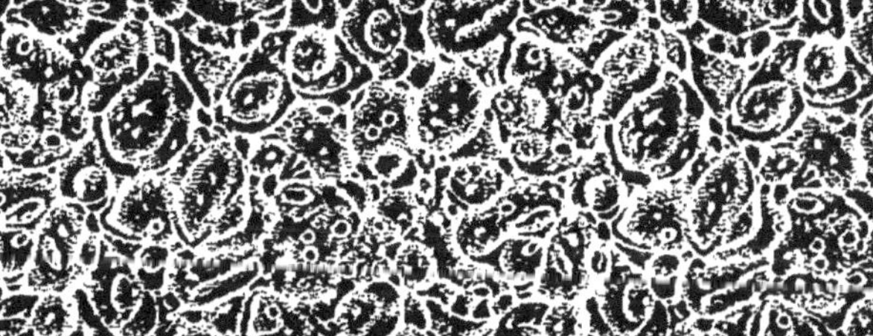

Applications Pratiques

de la

Mutualité dans l'Armée

par

M. FABRE (P.-A.)
Capitaine de Gendarmerie
Ancien Elève de l'Ecole Polytechnique

M. PORTIER (O.-F.)
Lieutenant - Trésorier
de Gendarmerie

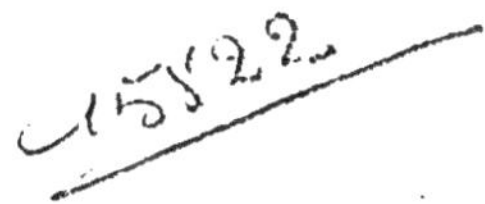

ORAN
IMPRIMERIE PAPETERIE CENTRALE, 4, RUE GÉNÉRAL JOUBERT, 4
1906

Applications Pratiques

DE LA

Mutualité dans l'Armée

Applications Pratiques

de la

Mutualité dans l'Armée

par

M. FABRE (P.-A.)
Capitaine de Gendarmerie
Ancien Elève de l'Ecole Polytechnique

M. PORTIER (O.-F.)
Lieutenant - Trésorier
de Gendarmerie

ORAN
IMPRIMERIE PAPETERIE CENTRALE, 4, RUE GÉNÉRAL JOUBERT, 4
1906

A nos Chefs & à nos Camarades

de l'Armée

Nous dédions ce Livre

Avant-Propos

Nous voyons tous les jours dans l'armée se produire le fait suivant :

Un militaire marié, officier, sous officier ou soldat, père de deux ou trois enfants, meurt avant d'avoir réuni les vingt-cinq années de service nécessaires pour que sa veuve ait droit à pension.

Le plus souvent, cette veuve, sans moyens d'existence et poussée par son dénûment, cherche à invoquer des circonstances de service commandé pour obtenir la pension tant désirée, et dont elle a le plus grand besoin ; mais le Ministre d'abord, et le Conseil d'État, ensuite, rejettent presque toujours sa requête, dans le but de ne pas surcharger outre mesure le budget des pensions qui atteint actuellement un niveau très élevé.

Nous pouvons donc affirmer, qu'en temps de paix, sur mille décès de militaires de tous grades chargés de famille et ne comptant pas 25 ans de services, neuf cents environ laissent la veuve ou les orphelins sans pension.

Les veuves d'officiers qui, mariées avant 1900, ont apporté en dot une rente non viagère d'au moins douze cents francs, — représentant un capital d'environ quarante mille francs, — peuvent, à la rigueur, subvenir tant bien que mal à leurs besoins et à ceux de leurs enfants ; mais il est tout à fait impossible à la plupart des veuves d'officiers, mariées depuis 1900, de faire face à cette obligation, sans avoir recours à la charité publique.

En effet, à cette époque, le minimum de douze cents francs de rente à apporter en dot par ces dernières a été supprimé par le Ministre, et l'expérience démontre qu'actuellement beaucoup d'officiers sont autorisés à épouser des jeunes filles sans dot appréciable.

Ils comptent sur leur solde, suffisante maintenant pour faire face aux dépenses de leur ménage tant qu'ils vivront ; mais ils ont oublié de se demander ce que deviendraient leur femme et leurs enfants, s'ils venaient à disparaître.

Les veuves de sous-officiers et de simples soldats se trouvent placées dans une situation analogue.

Ainsi donc, dans la plupart des cas, par suite du décès du chef de famille, qu'il soit officier ou homme de troupe, une femme seule et sans ressources va se trouver dans la dure nécessité d'élever et de nourrir plusieurs enfants en bas âge par un travail personnel toujours faiblement rémunéré.

Par suite, aucun chef de famille ne saurait envisager sans inquiétude la grande responsabilité morale qu'il encourrait, s'il venait à décéder sans avoir cherché à mettre les siens à l'abri du besoin, de manière à les préserver des désordres que peut engendrer la misère.

Nous voyons également dans l'armée de nombreux officiers, sous-officiers ou hommes de troupe rendus à la vie civile, par suite de réforme pour infirmités, soit avec une faible pension, soit sans pension aucune, selon que leurs infirmités ont été contractées dans le service ou en dehors du service (1), mais en tous cas avec une énergie ou une activité physique notablement diminuée.

S'ils sont célibataires, ils gagnent alors péniblement leur vie ; s'ils sont mariés, c'est pis encore, le chef de famille étant dans l'impossibilité de fournir un travail suffisant pour faire face aux besoins des siens.

La présente étude, appelant à son aide les bienfaits de la *Mutualité* qui viennent d'être mis récemment en lumière par le Président de la République et par les Ministres de la Guerre et de l'Intérieur, permet d'apporter un remède radical aux pénibles situations signalées ci-dessus, uniquement au moyen d'une légère retenue mensuelle opérée sur la solde.

Elle est basée :

1° sur la mortalité spéciale de l'armée ;

2° sur le nombre de réformes pour infirmités — maladies et accidents — prononcées chaque année parmi les militaires en activité ;

3° sur le nombre de décès et d'invalidités résultant d'accidents se produisant annuellement dans l'armée.

Nous l'avons divisée en quatre parties :

Ire Partie. — De l'assurance-vie dans l'armée ;
IIe Partie. — De l'assurance-infirmités dans l'armée ;
IIIe Partie. — De l'assurance-accidents dans l'armée ;
IVe Partie. — Des secours mutuels dans l'armée.

---

(1) En cas de réforme pour infirmités contractées en dehors du service :

1° les officiers ayant moins de 20 ans de services et les sous-officiers comptant de 5 à 15 ans de services reçoivent une pension pendant un temps égal à la moitié de la durée de leurs services ;

2° les officiers comptant de 20 à 25 ans de services, ainsi que les sous-officiers et hommes de troupe ayant plus de 15 ans de services reçoivent une pension viagère non réversible sur la veuve ;

3° les militaires de tous grades réunissant plus de 25 ans de services ont droit à une pension de retraite ;

4° les militaires ne se trouvant pas dans les conditions ci-dessus n'ont droit à aucune pension.

La Ire Partie se subdivise en quatre chapitres :

Chapitre Ier. — Mortalité générale en France ;

Chap. II. — Fonctionnement des Compagnies françaises d'assurances sur la vie ;

Chap. III. — Mortalité spéciale de l'armée ;

Chap. IV. — Projet de fonctionnement d'une Société mutuelle d'assurances sur la vie entre militaires de tous grades. — La *Mutuelle-vie de l'armée.*

La IIe Partie se subdivise en deux chapitres :

Chapitre Ier. — Des réformes pour infirmités prononcées chaque année dans l'armée ;

Chap. II. — Projet de fonctionnement d'une Société mutuelle d'assurances en cas de réforme pour infirmités entre militaires de tous grades. — La *Mutuelle-infirmités de l'armée.*

La IIIe Partie se subdivise en quatre chapitres :

Chapitre Ier. — Fonctionnement des Compagnies françaises d'assurances contre les accidents ;

Chap. II. — Des décès dans l'armée causés par les accidents ;

Chap. III. — Des invalidités dans l'armée résultant d'accidents ;

Chap. IV. — Projet de fonctionnement d'une Société mutuelle d'assurances contre les accidents dans l'armée. La *Mutuelle-accidents de l'armée.*

La IVe Partie se subdivise en trois chapitres :

Chapitre Ier. — Organisation et fonctionnement des Sociétés de secours mutuels en France ;

Chap. II. — Application dans l'armée de la Loi du 1er avril 1898, relative aux Sociétés de Secours Mutuels ;

Chap. III. — Projet de fonctionnement d'une Société mutuelle de secours dans l'armée. — La *Mutuelle-secours de l'armée.*

Nous terminerons notre étude :

1o Par un *Résumé* faisant ressortir les résultats qu'on peut espérer obtenir dans chacune des quatre Mutuelles ci-dessus, en les comparant à ceux donnés par les Compagnies françaises similaires ;

2o Par une première *Annexe* contenant une énumération des autres branches d'assurances qui pourraient, grâce à la *Mutualité*, être mises avantageusement à la disposition de tous les militaires sans exception ;

3o Par une seconde *Annexe* traitant des dispositions qui pourraient être prises dans le but de faire participer l'armée de mer, les troupes coloniales, voire même les officiers et hommes de troupe des réserves de l'armée aux avantages des Mutuelles qui font l'objet du présent travail.

Ire PARTIE

De l'Assurance-Vie dans l'Armée

CHAPITRE Ier

Mortalité Générale en France

Table de Deparcieux

La mortalité générale en France, d'après Deparcieux, entre 21 et 60 ans, limites extrêmes des âges de la majeure partie des militaires en activité, est donnée par la Table ci après : (1).

Ages	Vivants	Ages	Vivants	Ages	Vivants	Ages	Vivants
0	1.286						
21	806	31	726	41	650	51	571
22	798	32	718	42	643	52	560
23	790	33	710	43	636	53	549
24	782	34	702	44	629	54	538
25	774	35	694	45	622	55	526
26	766	36	686	46	615	56	514
27	758	37	678	47	607	57	502
28	750	38	671	48	599	58	489
29	742	39	664	49	590	59	476
30	734	40	657	50	581	60	463

Loi de mortalité générale

La mortalité à chaque âge, c'est-à-dire la proportion qui existe entre le nombre d'individus d'un âge déterminé, décédés dans l'espace d'un an, et celui des vivants du même âge, est donnée par le Tableau ci-après, qui est la conséquence directe de la Table de Deparcieux.

Les chiffres de la colonne « Décès survenus d'une année à l'autre » ont été obtenus en prenant les différences successives de ceux de la colonne « Vivants » de la Table ci-dessus de Deparcieux, tandis que les chiffres de la colonne « Mortalité pour mille » sont, pour chaque âge, le résultat de la division du nombre des décès multiplié par mille, par le nombre des vivants de cet âge.

(1) Extrait du *Dictionnaire Larousse*. Vol. I, page 818.

Ages	Décès survenus d'une année à l'autre	Mortalité pour mille	Ages	Décès survenus d'une année à l'autre	Mortalité pour mille	Ages	Décès survenus d'une année à l'autre	Mortalité pour mille	Ages	Décès survenus d'une année à l'autre	Mortalité pour mille
21	8	10	31	8	11	41	7	11	51	11	18
22	8	10	32	8	11	42	7	11	52	11	19
23	8	10	33	8	11	43	7	11	53	11	20
24	8	10	34	8	11	44	7	11	54	12	22
25	8	10	35	8	11	45	7	12	55	12	23
26	8	10	36	8	11	46	8	13	56	12	24
27	8	10	37	7	10	47	8	14	57	13	25
28	8	11	38	7	10	48	9	15	58	13	26
29	8	11	39	7	10	49	9	16	59	13	27
30	8	11	40	7	10	50	10	17	60	»	»

L'examen de ce Tableau nous montre que la mortalité est à peu près constante de 21 à 45 ans, c'est-à-dire qu'elle reste comprise entre 10 et 11 pour mille, mais qu'elle croît peu à peu à partir de 45 ans, pour atteindre 27 pour mille à 59 ans.

La Table de Deparcieux a été désignée par la Loi du 11 Juillet 1868 pour servir de base au calcul des primes à payer à la *Caisse nationale d'assurance en cas de décès*, garantie par l'Etat et gérée par la Caisse des Dépôts et Consignations.

D'après les observations faites depuis la mise en pratique de cette Table, elle serait encore suffisamment exacte de nos jours, de sorte que la Loi donnée par le Tableau ci-dessus doit être considérée comme régissant à l'heure actuelle la mortalité en France (1).

(1) Certains auteurs prétendent, à tort, semble-t-il, que la Table de Deparcieux donne une mortalité trop forte à chaque âge, sous prétexte que la Caisse nationale des retraites fait usage depuis 1889 d'un tarif C. R. où la mortalité est moindre et serait la suivante :

Ages	VIVANTS hommes	VIVANTS femmes
0	500	500
20	3[illegible]0	340
30	301	316
40	2[illegible]2	281
50	2[illegible]8	254
60	191	212

En comparant la Table C.R à celle de Deparcieux, on constate en effet que la mortalité de la première est inférieure de 8 pour cent à celle de la seconde.

Mais il ne faut pas oublier que la Table C. R. donne la mortalité de personnes prévoyantes qui ont pu verser quelques économies à la Caisse des retraites ; et il est notoire que la mortalité des personnes ayant des ressources suffisantes pour se faire soigner en cas de maladie, comme les mutualistes, par exemple, est notablement inférieure à la mortalité générale.

En conséquence, la Table de Deparcieux doit être considérée, à notre avis, comme suffisamment exacte, d'autant plus que la Caisse nationale d'assurance en cas de décès en fait encore usage dans son tarif 3 0/0 D.

CHAPITRE II

Fonctionnement des Compagnies françaises d'assurances sur la vie

Des diverses sortes d'assurances

Les Compagnies françaises pratiquent l'assurance sur la vie sous les formes suivantes :

1° *Assurances en cas de décès*, convenant aux personnes qui, pouvant faire quelques sacrifices pécuniaires pendant leur existence, veulent laisser après elles un capital ou une rente viagère à leur famille ou à une personne quelconque.

2° *Assurances en cas de vie*, dans lesquelles l'assuré stipule, au contraire, pour lui seul, le capital ou la rente qu'il doit recevoir s'il est vivant à l'âge convenu et désigné sur le contrat.

Nous ne nous occuperons que de celles comprises sous le § 1er ci-dessus, parce qu'elles rentrent seules dans le cadre de notre travail.

Des assurances en cas de décès

Pour plus de simplicité, nous ne considérerons que les assurances concernant les capitaux, la transformation de ces derniers en rentes viagères étant des plus faciles.

Pour garantir un capital de 1.000 francs en cas de décès, les grandes Compagnies françaises (Assurances générales, Nationale, Phénix, Abeille, etc.), qui sont syndiquées, et par suite font usage d'un tarif uniforme, réclament une prime *viagère* de 27 fr. 60, à un individu souscrivant une police à l'âge moyen de 35 ans.

Pour garantir le même capital, la Caisse d'assurance en cas de décès, gérée par la Caisse des Dépôts et Consignations, ne demande que 24 fr. 62, soit 11 pour cent de moins.

On aurait donc avantage à contracter une assurance à cette dernière Caisse ; mais le maximum du Capital assuré, fixé à 3.000 francs seulement, ainsi qu'il est dit ci-après, est trop faible pour nous permettre d'atteindre le but que nous nous sommes proposé, d'autant plus que, dans l'armée, on peut obtenir des résultats bien plus avantageux.

Conditions à remplir. — Risques exclus

Les grandes Compagnies ne fixent pas de limite maxima au montant des Capitaux souscrits ; mais, à la suite d'un examen médical des plus sérieux, elles n'admettent à l'assurance que des sujets choisis, âgés de 20 ans au moins et de 60 ans au plus.

Les petites Compagnies, dont les tarifs sont plus avantageux que ceux des précédentes, ont fixé un maximum qui varie de dix à cinquante mille francs ; elles exigent également une visite médicale.

Enfin, la Caisse nationale d'assurance en cas de décès ne délivre de livrets-polices que jusqu'à concurrence de trois mille francs sur une seule tête, mais elle ne fait pas subir de visite médicale. Elle se garantit des risques anormaux, provenant des personnes en mauvais état de santé, en stipulant que toute assurance faite moins de deux ans avant le décès de l'assuré reste sans effet, et elle restitue alors aux ayants-droit les versements effectués. Ce maximum est même réduit à mille francs dans les Assurances collectives souscrites par les Membres des Sociétés de Secours Mutuels.

Toutes les Compagnies, sans exception, ainsi que la Caisse nationale, excluent les risques de suicide, duel et condamnation judiciaire.

De l'assurance temporaire

L'assurance temporaire consiste à verser une prime annuelle, variable avec l'âge, ou plutôt avec la mortalité propre à chaque catégorie d'individus, pour garantir un capital déterminé *si le décès de l'assuré se produit dans l'année.*

A l'âge moyen de 35 ans, pour assurer dans ces conditions un capital de 1.000 francs, les grandes Compagnies font payer 17 fr. 40 (1), tandis que la Caisse des Dépôts et Consignations n'exige que 12 fr. 15 (2) des Sociétés de secours mutuels, soit 30 pour cent de moins ; mais, malheureusement, ainsi que nous l'avons vu plus haut, elle limite le maximum de l'assurance à 1.000 francs par tête.

D'autres petites Compagnies françaises pratiquent également l'assurance temporaire à très bon marché.

Nous citerons :

1° La *Fourmilière,* 23, rue du Louvre, Paris, qui, avec 1 franc par mois, soit 12 francs par an, assure un Capital fixe de 1.000 francs aux héritiers d'un souscripteur âgé de 20 à 38 ans, décédé dans le courant de l'année ; mais cette prime croît ensuite progressivement à partir de 39 ans pour atteindre 16 fr. 20 à 45 ans, 21 fr. 60 à 50 ans et 30 francs à 55 ans.

---

(1) Voir les tarifs de ces Compagnies.
(2) Voir le Tableau numéro I, Tarif 3 0/0 B de la Caisse nationale d'assurance en cas de décès.

2° La *Sauvegarde*, 44, rue de Maubeuge, Paris, qui, après avoir constitué des groupes de 2.500 sociétaires, fait verser à chacun de ces derniers pour tout décès se produisant dans son groupe une cotisation de 5 francs, de manière à assurer un Capital de 10.000 francs aux héritiers du décédé.

Les sommes ainsi encaissées s'élevant à 2.500 × 5 = 12.500 francs par décès, l'excédent de 2.500 francs, diminué du montant des frais d'administration, qui sont de 5 pour cent, soit un reliquat de 2.500 — 12.500 × 0,05 = 1.875 francs, est mis en réserve pour servir à l'amortissement des cotisations après vingt années de sociétariat.

Chaque groupe fournissant de 30 à 36 décès par an, il s'ensuit que les cotisations annuelles de chacun des sociétaires s'élèvent de 150 à 180 francs, ce qui correspond à une prime variant de 15 à 18 francs par 1 000 francs de Capital assuré.

3° Le *Conservateur*, 18, rue Lafayette, Paris, qui opère de la manière suivante :

Cette société fait verser chaque année à ses membres une prime variable avec l'âge et proportionnelle au nombre de parts souscrites. Toutes ces primes, déduction faite de 7 pour cent pour frais d'administration, sont totalisées et réparties en fin d'année entre les héritiers des sociétaires décédés, au prorata des parts dont ils sont titulaires.

De sorte qu'un versement de 11 francs par an, à 35 ans, donne droit à une répartition variant de 700 à 1.300 francs, c'est-à-dire oscillant autour de 1.000 francs, chiffre moyen.

Cette répartition serait à peu près constante et resterait voisine de 1.000 francs, si le nombre des sociétaires du *Conservateur* était suffisamment élevé et atteignait 10.000, par exemple [1].

De la cherté des primes

Tandis que les tarifs de la Caisse nationale d'assurance en cas de décès sont établis d'après les chances de mortalité de la Table de Deparcieux, majorées seulement de 6 pour cent, ceux des grandes Compagnies le sont d'après une table dite de *l'expérience des Compagnies* et correspondent à leurs chances de mortalité, fortement majorées.

Nous allons prendre un cas particulier, celui de *l'assurance temporaire*, et démontrer que la prime qu'elles exigent dans ce cas correspond à une mortalité *majorée de plus de 348 pour cent.*

---

(1) Les variations de la mortalité sont plus grandes sur un petit nombre de personnes que sur un grand nombre. D'autre part, la mortalité reste sensiblement la même d'une année à l'autre quand on opère sur plus de 10.000 individus répartis sur tout le territoire français. Enfin, les épidémies ne sont jamais générales en France : elles se localisent toujours à une région plus ou moins étendue.

En effet, la mortalité de gens choisis ayant passé une visite médicale est inférieure à 3,88 pour mille, suicides compris, à l'âge moyen de 35 ans (1), ce qui fait qu'une prime de 3 fr. 88 devrait suffire pour payer 1000 francs par décès.

Or, nous avons vu plus haut que les grandes Compagnies exigeaient 17 fr. 40 par mille francs à 35 ans, et excluaient le suicide ; en comparant cette dernière somme à 3 fr. 88, on en conclut aisément qu'elles font payer, dans ce cas particulier, une prime plus que quadruplée.

De sorte que sur les 17 fr. 40 versés, 3 fr. 88 seulement iront aux sinistrés et 13 fr. 52 aux agents de la Compagnie et aux actionnaires, soit une majoration de prime de $\frac{13\ 52}{3.88}$ = *348 pour cent.*

Quant à la Caisse nationale d'assurance en cas de décès, elle demande, il est vrai, 12 fr. 15 par mille francs, à 35 ans, ce qui correspond à la mortalité normale de 11,5 pour mille, à cet âge, majorée de 6 pour cent seulement ; mais il ne faut pas oublier qu'elle ne fait pas subir de visite médicale et qu'elle se trouve dans l'obligation d'assurer toutes les personnes qui s'adressent à elle, qu'elles soient en bon état de santé ou non.

L'énorme majoration de prime ci-dessus exigée par les grandes Compagnies dans l'assurance temporaire est anormale.

D'une manière générale, sur 125.000 francs qu'elles reçoivent des assurés, elles distribuent 100.000 francs aux sinistrés et en conservent 25.000 pour faire face à leurs frais généraux(2), tandis que la Caisse nationale, — qui fait payer la prime pure majorée seulement de 6 pour cent, en exécution de la Loi du 11 Juillet 1868, — sur 106.000 francs qu'elle reçoit, ne conserve que 6.000 francs pour ses frais d'administration et rend 100.000 francs aux sinistrés.

La cherté excessive des primes de ces grandes Compagnies est due à l'importance des frais généraux auxquels elles sont assujetties : remises de 5 pour cent aux agents sur les capitaux énumérés dans les polices qu'ils sont parvenus à faire souscrire aux assurés ; remises de 2 pour cent sur les primes qu'ils ont encaissées ; traitements fixes de ces agents qui sont en nombre très considérable ; frais de réclame ; gros dividendes aux actionnaires, etc., etc. ; de sorte que si on réduisait toutes ces dépenses au minimum, on arriverait à diminuer considérablement le montant des primes.

---

(1) Voir dans le Chapitre III la mortalité des sous-officiers de l'armée.

(2) En effet, dans la catégorie d'assurances la plus courante, celle dite *Vie entière à primes viagères*, si on compare les primes annuelles à verser à partir de 60 ans, époque où la mortalité des Compagnies commence à atteindre celle de la Caisse nationale, soit 71 fr. 60 0/00 pour les premières et 61 fr. 48 0/00 pour la seconde, qui est déjà majorée de 6 pour cent, on trouve que 71,60 comporte une majoration de 230 pour mille par rapport à la prime pure.

CHAPITRE III

Mortalité spéciale de l'Armée

Deux ans de présence sous les drapeaux étant nécessaires pour bénéficier des avantages énumérés dans le chapitre suivant, nous ne ferons pas toujours entrer en ligne de compte, dans les détails qui vont suivre, les militaires de moins de deux ans de services, attendu qu'ils peuvent être considérés comme seulement de passage dans l'armée.

Effectif des militaires ayant plus de deux ans de services en 1902

La statistique médicale de l'armée, publiée annuellement par le Ministère de la Guerre, nous fait connaître que les effectifs qui ont servi de base à ses calculs, en 1902, ont été les suivants : (1)

	Intérieur	Algérie-Tunisie	Effectif total
Officiers	21.165	1.924	23.089
Sous-Officiers	37.868	4.090	41.958
Soldats de plus d'un an de service.	244.180	51.950	296.130

L'effectif de 23.089 ci-dessus concernant les officiers est un peu faible parce que la statistique ne concerne pas les officiers sans troupe.

Le tableau ci-après, extrait de l'Annuaire de l'Armée de 1902, nous donne l'effectif total des officiers ou assimilés.

ARMES OU SERVICES	EFFECTIF des Officiers	ARMES OU SERVICES	EFFECTIF des Officiers
		Report	23.892
Etat-Major Général	300	Officiers d'adon de l'Artillerie	499
Infanterie	13.616	Contrôleurs d'armes	158
Cavalerie	3.602	Officiers d'administration du Génie	523
Artillerie	4.070	Intendance militaire	306
Génie	983	Officiers d'adon du Se de l'Intendance	1.036
Train des équipages militaires	373	Ingénieurs des Poudres et Salpêtres	38
Personnel des Chefs de Musique	197	Servce de santé, médecins et pharmaciens	1.501
Corps du contrôle de l'Adon de l'Armée	51	Officiers d'adon du service de santé	361
Officiers d'administration d'Etat-Major et de recrutement	180	Officiers d'adon du Se de la Justce milre et des établissements pénitentiaires	58
Interprètes militaires	53	Gendarmerie	755
Vétérinaires militaires	437	Sapeurs-Pompiers de Paris	51
A reporter	23.892	*Total des Officiers*	29.178

Les officiers des corps de troupe, les officiers sans troupe et assimilés forment donc un effectif total de 29.178.

(1) Statistique médicale de 1902, Rapport p. 9.

En comparant cet effectif à celui de 23.089 donné par la statistique, on en conclut qu'environ 6.000 officiers sans troupe ou assimilés ont échappé à toute observation médicale. Mais leur faible proportion, 1/5 de l'effectif total, ne pouvant influencer d'une manière bien sensible les résultats obtenus avec les officiers des corps de troupe, en ce qui concerne la mortalité, nous admettrons que ces résultats s'appliquent également à eux.

L'effectif des soldats ayant au moins deux ans de présence sous les drapeaux est sensiblement le même que celui des soldats comptant plus d'un an de service, c'est-à-dire de 296.130. En effet, en 1902, il n'existait pas de militaires pouvant quitter le corps, après deux ans de service, autrement que par réforme.

Tableau de la Mortalité de l'armée, de 1893 à 1902 (1).

Années	Total des décès de l'armée — Proportion pour mille de l'effectif	Décès des officiers — Proportion pour mille de leur effectif	Décès des sous-officiers — Proportion pour mille de leur effectif	Décès des soldats de plus d'un an de service — Proportion pour mille de leur effectif	Observations
1893	6,19	6,17	4,72	5,37	I.- Les soldats de moins d'un an de service ont donné une mortalité moyenne de 7 pour mille.
1894	6 26	5 48	3 95	5 38	
1895	6 86	5 07	4 01	5 97	
1896	5 21	5 42	3 81	4 94	
1897	5 23	5 35	3 92	4 59	II.- Les décès de toute nature (maladies, accidents, suicides, tués à l'ennemi dans le Sud algérien, etc.) sont compris dans les chiffres ci-contre.
1898	4 98	5 63	3 29	4 44	
1899	5 43	5 51	4 00	4 46	
1900	5 73	4 36	4 05	5 19	
1901	5 37	4 57	3 52	4 71	
1902	4 80	4 13	3 50	4 10	
Moyennes des dix années ci-dessus.	5,61	5,17	3,88	4,91	

Comparaison de la mortalité de l'armée avec la mortalité générale

De l'examen du Tableau ci-dessus, ressort un fait qui, a priori, semble extraordinaire.

Alors qu'on croit généralement que, dans l'armée active, la mortalité y est aussi grande, sinon plus grande qu'ailleurs, on est obligé de reconnaître, qu'au contraire, *cette mortalité y est juste moitié moindre.*

En effet, l'ensemble de l'armée ne présente qu'une mortalité de 5,61 pour mille, tandis que la mortalité générale, de 21 à 45 ans, atteint 11 pour mille.

(1) Extrait des statistiques médicales de l'année, de 1893 à 1902.

Mortalité spéciale à chaque catégorie de militaires.

Le même Tableau nous fait connaître que les Officiers de tout âge, c'est-à dire de 21 à 60 ans, ont donné, dans les dix dernières années, une mortalité spéciale de 5,17 pour mille, suicides compris, soit un peu moins de la moitié de la mortalité générale.

Les sous-officiers présentent une mortalité plus faible encore, soit seulement 3.88 pour mille, suicides également compris, sans doute parce que la moyenne de leur âge est moins élevée que celle des officiers, par suite de leur départ en retraite proportionnelle, vers 35 ans.

Les jeunes soldats de moins d'un an de service fournissent une mortalité plus élevée, 7 pour mille ; ceux de plus d'un an de service, 4,90 pour mille seulement, c'est-à-dire une proportion notablement inférieure à la précédente.

Il est donc à présumer que la mortalité des soldats de plus de deux ans de services est plus faible encore et doit se rapprocher de celle des sous-officiers et par suite s'abaisser aussi à 3.88 pour mille, suicides compris.

Tableau des suicides dans l'armée, de 1893 à 1902 (1)

ANNÉES	ARMÉE ENTIÈRE — Proportion pour mille de l'effectif	OFFICIERS — Proportion pour mille de leur effectif	SOUS-OFFICIERS — Proportion pour mille de leur effectif	SOLDATS de plus d'un an de service — Proportion pour mille de leur effectif	Observations
1893	0,31	0,42	0,74	0,19	Les soldats ayant moins d'un an de service ont présenté une moyenne de suicides de 0,277 pour mille de leur effectif.
1894	0,30	0,37	0,61	0,27	
1895	0,25	0,57	0,40	0,17	
1896	0,26	0,51	0,49	0,25	
1897	0,26	0,27	0,58	0,23	
1898	0,26	0,31	0,43	0,23	
1899	0,26	0,27	0,52	0,21	
1900	0,21	0,45	0,44	0,16	
1901	0,22	0,22	0,41	0,15	
1902	0,22	0,24	0,47	0,16	
Moyennes des dix années ci-dessus	0,255	0,363	0,509	0,202	

(1) Extrait des statistiques médicales de l'armée de 1893 à 1902.

Proportion des suicides par rapport aux décès

Si nous comparons le nombre des suicides à celui des décès, nous trouvons les proportions suivantes :

0,255 : 5,61 ou 46 pour mille pour l'ensemble de l'armée ;
0,363 : 5,17 ou 70 pour mille chez les officiers ;
0,509 : 3,88 ou 131 pour mille chez les sous-officiers ;
0,202 : 4,91 ou 41 pour mille chez les soldats de plus d'un an de service.

On peut remarquer que les sous-officiers fournissent une proportion de suicides double de celle des officiers, laquelle est elle-même double de celle des simples soldats.

Si nous nous basons sur ce que le nombre des décès d'officiers pour une cause quelconque est sensiblement égal à celui des sous-officiers(1), nous pouvons conclure que la moyenne annuelle de l'ensemble des suicides d'officiers et de sous-officiers représente environ :

$$\frac{70+131}{1000\times2} = \frac{201}{2000} = \frac{1}{10} \text{ des décès.}$$

Mortalité par région de Corps d'armée

La mortalité de l'armée, de 1893 à 1902, a toujours été minima dans les Ier et IIe Corps (de 2,23 à 3,18 pour mille), tandis qu'elle était maxima dans les VIIe, IXe, Xe, XIe, XIVe, XVIe, XVIIe Corps et le Gouvernement militaire de Paris (de 5,87 à 8,05 pour mille).

La mortalité en Algérie, qui était en moyenne de 10,72 pour mille pendant la même période, est donc exactement le double de celle de France ; mais il ne faut pas oublier que cette augmentation est due uniquement aux éléments ci-après qui ont été compris dans la statistique médicale de l'armée :

1° Colonnes expéditionnaires du Sud algérien(2) ;

2° Régiments étrangers, où la mortalité est de 16 pour mille ;

3° Bataillons d'infanterie légère d'Afrique, où la mortalité est de 15 pour mille ;

4° Compagnies de pionniers et de fusiliers de discipline, où la mortalité est de 15 pour mille ;

5° Prisons et pénitenciers, où la mortalité est de 18 pour mille.

A l'exception des corps ci-dessus, la mortalité, en Algérie, ne dépasse pas celle de France.

---

(1) Le nombre moyen annuel des décès d'officiers est de 5,17×29,178 : 1000 = 150 ; celui des sous-officiers est de 3,88×41.958 : 1000 = 162.

(2) Le taux de la mortalité de ces colonnes expéditionnaires n'a pu être déterminé.

En effet, en 1902, dans le département de Constantine, où il n'existe ni Colonnes expéditionnaires, ni Régiments étrangers, la mortalité n'était que de 4,98 pour mille.
La même année, la mortalité était supérieure à celle-ci dans plusieurs régions de France : elle atteignait 5,37 dans le Xe Corps, 5,58 dans le Gouvernement militaire de Paris, et 5,87 dans le XVIIe Corps.

CHAPITRE IV

Projet de fonctionnement d'une Société mutuelle d'Assurances sur la vie entre militaires de tous grades. -- La *Mutuelle-vie de l'Armée.*

Opportunité de faire profiter l'armée de sa faible mortalité.

Nous avons vu plus haut qu'en matière d'*assurance temporaire*, la Caisse nationale, avec sa mortalité normale de 11,5 pour mille à l'âge moyen de 35 ans, demandait une prime de 12 fr. 15 par mille francs de Capital assuré, tandis que les grandes Compagnies, avec une mortalité plus faible, exigeaient davantage, soit 17 fr. 40 pour mille.
Si les militaires de l'armée, avec leur faible mortalité de 5,17 pour les officiers et de 3,88 pour les sous-officiers et soldats, formaient une Société mutuelle d'assurances sur la vie, il suffirait aux premiers de verser annuellement 5 fr. 17 et aux seconds, 3 fr. 88, pour garantir à leurs familles un capital de mille francs à leur décès.
De sorte que les résultats obtenus ainsi avec le concours de la *Mutualité* seraient environ le triple de ceux donnés par la Caisse nationale et le quadruple de ceux des Compagnies françaises.

But de l'Association proposée

Ainsi que nous l'avons exposé plus haut, l'Association que nous proposons de constituer sous le nom de *Mutuelle-Vie de l'Armée* a pour but d'utiliser, au moyen d'une légère cotisation mensuelle, les *avantages énormes* que l'on peut tirer de la faible mortalité des militaires pour venir en aide à leurs veuves ou à leurs orphelins, ou bien encore à ceux de leurs parents dont ils étaient les soutiens.

Conditions à remplir pour en faire partie

Tous les militaires servant dans l'armée française, à quelque titre que ce soit, sont admis à faire partie de l'association sur leur simple demande.

Aucune visite médicale n'est exigée ; mais un stage préparatoire de deux ans leur est imposé dans le but d'écarter les risques anormaux provenant de décès prématurés.

Mode d'assurance à employer

Nous éviterons de tomber dans l'écueil qui fait sombrer trop souvent les sociétés mutuelles à leurs débuts, c'est-à-dire de distribuer aux sociétaires des sommes d'argent beaucoup plus élevées que les ressources ne le permettent.

C'est pourquoi nous sommes d'avis :

1° Que notre Association ne doive pas être mise à même de contracter des dettes à un moment quelconque, soit par suite de mauvaise gestion, soit pour toute autre cause ;

2° Que pour cette raison, elle ait à liquider ses comptes tous les ans.

En conséquence, au lieu de lui faire servir des pensions en nombre toujours croissant aux bénéficiaires, nous proposons d'affecter à ces derniers un Capital une fois payé. Ledit capital pourra toujours être versé, soit à la Caisse nationale des retraites pour la vieillesse, soit à une Compagnie française d'assurances, au choix des bénéficiaires, pour être converti en rente viagère.

Cette manière de procéder possède l'avantage de diminuer considérablement la comptabilité.

En outre, si nous remarquons que les familles des militaires n'ont un besoin indispensable de l'assurance que si leur chef compte moins de 25 ans de service, nous pouvons conclure que l'*assurance temporaire annuelle*, telle que la pratique le *Conservateur*, est la seule qui puisse remplir les conditions ci-dessus. Elle possède en outre l'avantage d'être *excessivement bon marché.*

Des suicides

Pour des motifs d'ordre moral et surtout d'ordre pécuniaire, toutes les Compagnies françaises excluent de l'assurance les risques de suicide et de condamnation judiciaire [1].

En ce qui concerne les premiers, n'est-on pas en droit de penser que la vindicte publique va trop loin en frappant des innocents bien plus que le coupable ?

Et en ce qui concerne les seconds, ne pourrait-on pas

---

(1) Les Compagnies américaines, seules, garantissent ces risques.

prendre des précautions pour que le degré du risque soit limité au point de vuepécuniaire?

Nous pensons que rien ne s'oppose à ce qu'il en soit ainsi.

Nous avons vu précédemment que les suicides étaient compris dans les mortalités de 5,17 pour mille des officiers, 3,88 pour mille de la troupe, et que la moyenne des suicides était le 1/10 des décès.

On peut donc admettre à l'assurance les sinistres de cette catégorie, à la condition, toutefois, qu'ils ne dépassent pas le 1/10 des décès.

Dans le cas où ces sinistres viendraient à dépasser le 1/10 et à atteindre le 1/5 par exemple, c'est-à-dire à doubler, le capital revenant à cette catégorie de bénéficiaires serait réduit de moitié.

De cette manière, les veuves et les enfants innocents, au lieu de traîner une existence souvent misérable, pourraient néanmoins profiter des bienfaits de la *Mutualité* dans une certaine mesure.

Montant des cotisations mensuelles

Il est de toute équité que, pour chaque part qu'ils prennent dans l'assurance, les sociétaires paient proportionnellement à leur mortalité.

En outre, nous croyons préférable pour eux de payer une cotisation fixe pour assurer à leurs héritiers un capital pouvant varier légèrement, que de verser une cotisation variable assurant un capital fixe.

De sorte que la cotisation mensuelle correspondant à une part devra être invariable, en même temps qu'assez faible pour être mise à la portée de toutes les bourses.

Nous la fixerons à 0 fr. 45[1] pour les officiers de l'intérieur; de sorte que, pour les sous-officiers et soldats, elle sera de $0,45 \times 3,88 : 5,17 = 0$ fr. 34, leur mortalité n'étant que de 3,88 pour mille, tandis que celle des officiers est de 5,17.

Les officiers et hommes de troupe d'Algérie-Tunisie stationnés dans la région du Tell ou dans celle des Hauts-Plateaux, — au nord de la zone saharienne qui donne droit au bénéfice de la campagne double — paieront les mêmes primes que ci-dessus, leur mortalité étant la même qu'en France.

En dehors des limites de l'Europe entière et de la partie de l'Afrique septentrionale située au nord de la zone précitée, la cotisation mensuelle de tous les militaires sans distinction sera portée uniformément à 1 fr. 45[2] par part, en raison de l'accroissement des risques de mortalité.

---

(1) C'est-à-dire au 1/12 de la cotisation annuelle nécessaire pour assurer 1000 francs, majorée de 3 pour cent pour impôts et frais d'administration ; $5,17 \times 1,03 : 12 = 0$ fr. 45.

(2) Ce taux de 1 fr. 45 correspond à une mortalité de 17 pour mille; $17 \times 1,03 : 12 = 1$ fr. 45

Il en sera de même pour les militaires de tous grades faisant partie :

1° Des prisons et établissements pénitentiaires ;

2° Des corps ci-après, qui présentent une mortalité exceptionnelle de 15 à 18 pour mille : Régiments étrangers, Bataillons d'infanterie légère d'Afrique, Compagnies de pionniers et de fusiliers de discipline.

Après deux années de fonctionnement, si la répartition, par suite de la mortalité, venait à tomber au-dessous de 800 francs ou à dépasser 1.200 francs, c'est-à-dire présentait un écart supérieur à 20 pour cent par rapport à la moyenne, les taux respectifs des primes ultérieures seraient légèrement modifiés de manière à ramener cette répartition dans le voisinage de 1000 francs.

Enfin, après cinq années de fonctionnement, les taux seront calculés chaque année, pour l'année suivante, d'après les résultats obtenus pendant les cinq années précédentes.

Capital probable assuré en cas de décès

Les cotisations mensuelles recueillies, sous déduction de 3 pour cent pour frais d'administration, sont totalisées en fin d'année et réparties, selon le procédé employé par la Compagnie le *Conservateur*, entre les héritiers des sociétaires décédés, au prorata des parts dont ils sont bénéficiaires.

Les officiers, avec 0 fr. 45 par mois, ainsi que les sous-officiers et soldats avec 0 fr. 34, seront donc assurés pour une somme de 1.000 francs ; car $0{,}45 \times 12 = 5$ fr. 40 et $0{,}34 \times 12 =$ 4 fr. 08, qui représentent les primes nécessaires pour assurer 1.000 francs avec des mortalités respectives de 5,17 et 3,88, majorées de 3 pour cent.

La mortalité variant chaque année autour des moyennes de 5,17 et 3,88 pour mille précitées, il s'ensuit que le capital revenant à chaque part variera également et oscillera autour de 1.000 francs net.

Les répartitions auraient été les suivantes de 1893 à 1902, en supposant que les parts assurées par les officiers fussent en nombre sensiblement égal à celles assurées par la troupe :

En 1893, $\frac{5.170+3.880}{6.17+4.92} = \frac{9.050}{10.89} =$ 830 francs net ;

1894, $\frac{5.170+3.880}{5.48+3.95} = \frac{9.050}{9.43} =$ 960 —

1895, $\frac{5.170+3.880}{5.07+4.04} = \frac{9.050}{9.11} =$ 1000 —

1896, $\frac{5.170+3.880}{5.42+3.84} = \frac{9.050}{9.26} =$ 980 —

1897, $\frac{5.170+3.880}{5.35+3.92} = \frac{9.050}{9.27} =$ 980 —

1898, $\frac{5.170+3.880}{5.63+3.29} = \frac{9.050}{8.92} =$ 1010 —

1899, $\frac{5.170+3.880}{5.51+4.00} = \frac{9.050}{9.51} = 950$ francs net ;

1900, $\frac{5.170+3.880}{4.36+4.05} = \frac{9.050}{8.41} = 1070$ —

1901, $\frac{5.170+3.880}{4.57+3.52} = \frac{9.050}{8.09} = 1120$ —

1902, $\frac{5.170+3.880}{4.13+3.50} = \frac{9.050}{7.63} = 1190$ —

On voit que les répartitions auraient varié de 830 francs à 1190 francs.

Après cinq années de fonctionnement de la Société, c'est-à-dire une fois que les taux des primes auront été définitivement établis d'après les résultats obtenus, on pourrait servir un capital fixe de 1.000 francs par part, au lieu d'un capital variable, en prélevant sur le fonds de réserve ou en lui restituant tour à tour les sommes nécessaires pour ramener le montant de chaque part à 1.000 francs exactement.

Enfin, si l'Etat allouait des subventions à notre Société mutuelle, ou si des dons et legs lui étaient attribués, leur montant pourrait être réparti, à raison de 1/10 par an, en sus du capital ci-dessus, non pas au prorata des parts souscrites par les décédés, mais au prorata du nombre de têtes entrant dans la composition de leur famille.

Nombre maximum de parts pouvant être souscrites.

Il est hors de doute, qu'en général, un célibataire n'a pas autant de charges qu'un père de famille. C'est pourquoi, afin d'éviter les abus qui pourraient se produire par suite de l'extrême bon marché de la combinaison proposée, il serait sage de limiter à environ 10.000 francs par tête entrant dans la composition de la famille le maximum du capital pouvant être assuré (1).

Ce capital de 10.000 francs correspond à 10 parts.

Il serait également équitable de permettre, à égalité de charges de famille, aux militaires mariés comptant moins de 25 ans de services de s'assurer pour un nombre de parts supérieur à celui fixé pour les militaires ayant plus de 25 ans.

Enfin, il ne paraît pas utile d'admettre pour une participation aussi élevée les militaires de tous grades ne servant pas au titre français dans les Régiments étrangers et les troupes indigènes d'Algérie-Tunisie, ni ceux qui servent par mesure disciplinaire dans les Bataillons d'infanterie légère d'Afrique, les Compagnies de pionniers et de fusiliers de discipline, ni enfin ceux condamnés à une peine correctionnelle, afflictive ou infamante par les Tribunaux civils ou

(1) Après plusieurs années de fonctionnement, la question de l'élévation de ce maximum pourrait être examinée.

militaires, à partir du jour du jugement jusqu'à celui de l'expiration de leur peine.

Par suite, les adhésions seront admises dans les limites suivantes :

1° Militaires de tous grades de moins de 25 ans de services

COMPOSITION DE LA FAMILLE	Servant au titre français	Ne servant pas au titre français ; disciplinaires et condamnés
Célibataire, veuf ou divorcé sans enfants......	1 à 10 parts	1 part
Veuf ou divorcé avec X enfants mineurs.......	1 à 10 (X+1)	1 à X+1
Marié avec X enfants mineurs.............	1 à 10 (X+2)	1 à X+2

2° Militaires de tous grades de plus de 25 ans de services

COMPOSITION DE LA FAMILLE	Servant au titre français	Ne servant pas au titre français ; disciplinaires et condamnés
Célibataire, veuf ou divorcé sans enfants......	1 à 10 parts	1 part
Veuf ou divorcé avec X enfants mineurs.......	1 à 10 X	1 à X+1
Marié avec X enfants mineurs.............	1 à 10 (X+1)	1 à X+2

En conséquence, un militaire marié et père de deux enfants mineurs peut souscrire 40 parts au maximum, soit un Capital de 40,000 francs s'il a moins de 25 ans de service, ou seulement 30 parts, c'est-à-dire 30.000 francs, s'il a plus de 25 ans de services; tandis que le célibataire ne peut s'assurer que pour 10 parts, soit 10.000 francs.

Remboursement des primes des deux premières années

Les cotisations versées par les militaires, pendant les deux premières années de leur sociétariat, n'ont pas servi à les assurer. Demeurant disponibles, elles leur seront restituées lors de leur radiation des contrôles de l'activité. De la sorte, elles pourront contribuer à leur venir en aide dans une certaine mesure, et d'une manière opportune, au moment où ils seront rendus à la vie civile.

Les versements analogues des sociétaires décédés seront affectés au Fonds de réserve prévu ci-après.

Quant aux cotisations des sociétaires qui viendraient à mourir dans le courant des deux premières années, elles seront restituées immédiatement aux ayants-droit.

Fonds de réserve

Il est constitué pour le temps de guerre un *Fonds de réserve* permettant de distribuer des secours aux familles des sociétaires morts pendant la campagne.

Ce fonds sera alimenté par les ressources suivantes :

1° Cotisations des deux premières années de l'effectif des militaires sociétaires existant à la date du 1er jour de la mobilisation ;

2° Cotisations des deux premières années des sociétaires décédés depuis la fondation de l'association jusqu'au 1er jour de la mobilisation ;

3° Intérêts des cotisations recueillies dans le courant de chaque année ;

4° Capitaux non réclamés par les ayants-droit dans le délai de 5 ans ;

5° Dons, legs et subventions restant à distribuer au 1er jour de la mobilisation ;

6° Intérêts composés des sommes ci-dessus.

Cas de mobilisation générale

Au 1er jour de la mobilisation, les versements mensuels cessent et les sommes recueillies entre le 1er jour de l'année et cette date sont réparties entre les familles des sociétaires décédés pendant ce laps de temps, au prorata de leurs parts.

Le fonds de réserve, constitué comme il est expliqué ci-dessus, est distribué en fin de campagne, toujours au prorata des parts souscrites, aux familles des sociétaires décédés entre le 1er jour de la mobilisation et le dernier jour du trimestre d'année qui suit celui de la signature de la paix.

L'association reprend ensuite son fonctionnement normal en faisant doubler les cotisations des deux premières années pour constituer un nouveau fonds de réserve.

En supposant que la guerre durât un an, avec une mortalité de 50 pour mille, comme en 1870-71, soit 10 fois la mortalité ordinaire de l'armée, les deux années de cotisations d'avance de chaque sociétaire donneraient déjà une répartition de 1000 × 2 : 10 = 200 francs par part. A cette répartition viendrait s'ajouter celle provenant des sommes comprises sous les §§ 2° à 6° ci-dessus.

Au bout de 20 ans, on peut espérer que cette seconde répartition serait égale à la première, de sorte que le montant total du secours s'élèverait alors à environ 400 francs par part.

Administration

Les cotisations mensuelles sont retenues d'office sur la solde de tout adhérent présent dans un Corps de troupe par le Trésorier, sinon, par le Sous-Intendant Militaire dans tout autre cas.

Les hommes de troupe dont les cotisations dépassent le

montant des centimes de poche, et ceux qui sont absents du corps, doivent prendre leurs dispositions pour faire parvenir le montant intégral de leurs versements au Trésorier.

Le 2 de chaque mois, les Trésoriers et les Sous-Intendants envoient au Conseil d'Administration du Corps de troupe de Paris, chargé de centraliser les opérations, par exemple la Garde Républicaine (1), le montant des cotisations qu'ils ont recueillies, sous déduction de un pour cent leur revenant pour frais de bureau (2).

Le Conseil d'administration central, après avoir versé au Trésor les droits de Timbre et d'Enregistrement s'élevant à 1 fr. 24 pour cent des cotisations (3), retient également 0 fr. 76 pour cent, afin de le couvrir de ses frais, et dépose immédiatement le reliquat des fonds reçus, en compte courant, à la Caisse des Dépôts et Consignations.

L'année d'assurance commençant le 1er janvier et se terminant le 31 décembre, tout décès signalé après le 1er avril de l'année suivante, sera impitoyablement écarté de la répartition.

Cette répartition se fera à la date du 10 avril sur le vu des pièces suivantes :

1° Acte de décès de l'assuré ;

2° Etat des services le concernant ;

3° Certificat médical constatant que le décès n'est pas dû à un suicide ou à une condamnation judiciaire ;

4° Certificat du Maire indiquant la composition de la famille au jour du décès, avec la date de naissance de chacun des enfants.

La 1re pièce est remise au Trésorier, contre récépissé, autant que possible dans le courant du mois qui suit le décès de l'assuré ; sa production donne droit à la perception immédiate d'un acompte de 100 francs par part. Les 2e, 3e et 4e pièces doivent être fournies dans les trois mois du décès, également contre récépissé.

A partir du 1er avril de l'année qui suit celle du décès de l'assuré, aucune production nouvelle de pièces ne sera admise ; la répartition sera faite en tenant compte unique-

---

(1) On pourrait également confier la centralisation des opérations à la Caisse des Dépôts et Consignations, à la condition toutefois que cette Caisse n'exigeât pas des Trésoriers des Corps de troupe ou des Sous-Intendants militaires d'autres documents que ceux prévus dans le présent travail.

(2) Les opérations concernant un millier de souscripteurs ne nécessiteront pour chaque Trésorier ou Sous-Intendant qu'une heure de travail en fin de mois et trois journées de secrétaire en fin de trimestre, d'après l'expérience déjà faite dans la gendarmerie avec la Mutuelle dite *La Caisse du Gendarme*.

(3) Bien que notre Mutuelle remplisse un but déterminé par l'art. 1er de la Loi du 1er avril 1898, relative aux Sociétés de Secours Mutuels, elle ne peut bénéficier des avantages réservés par l'Etat à ces dernières, attendu que le maximum des sommes assurées en cas de décès dépasse la limite de 3.000 francs, fixée par l'art. 28 de ladite Loi.

En conséquence, le Trésor devra encaisser les droits de Timbre, — 0 fr. 24 pour cent, — et ceux d'Enregistrement, — 1 fr. pour cent, — ce qui donne un total de 1 fr. 24 pour cent.

ment de ceux des quatre documents ci-dessus qui auront été fournis avant cette date.

Dispositions transitoires

Afin d'éviter toute perturbation dans la marche de l'association à ses débuts, nous estimons que, pendant la première année de son fonctionnement, chaque sociétaire ne pourra souscrire qu'une part par tête entrant dans la composition de sa famille.

STATUTS

But de la Société

ARTICLE PREMIER. — L'Association constituée sous le nom de *Mutuelle-vie de l'armée* a pour but d'utiliser les avantages que l'on peut tirer de la faible mortalité des militaires pour venir en aide à leurs veuves, à leurs orphelins ou à ceux de leurs parents dont ils sont les soutiens.

Admissions et Radiations

ART. 2. — Tous les militaires de l'armée de terre en activité de service peuvent faire partie de la société.

ART. 3. — Chaque adhérent doit remettre au Trésorier de son corps une demande d'admission.

Cette demande peut être établie à toute époque de l'année.

Elle doit énoncer :

1° Les nom, prénoms, grade, corps et résidence du souscripteur ;

2° Les noms et prénoms de ses héritiers légaux (1) ;

3° Les dates et lieux de naissance de ses enfants ;

4° Le nombre de parts souscrites.

ART. 4. — Les Sous-Intendants militaires ont les mêmes attributions que les Trésoriers des Corps vis-à-vis des officiers sans troupe, des isolés et des militaires en congé.

ART. 5. — Toute augmentation ou toute diminution dans le nombre des parts primitivement souscrites fait l'objet d'une demande spéciale.

ART. 6. — Toute assurance contractée moins de deux ans avant le décès demeure sans effet. Dans ce cas, les cotisations versées sont remboursées, sans intérêts, aux ayants-droit, sur leur demande.

ART. 7. — Une augmentation dans le nombre de parts primitivement souscrites n'ouvre de droits nouveaux que deux ans après le premier versement la concernant.

Néanmoins, les cas de mariage ou de naissance postérieurs à l'adhésion primitive sont assurés immédiatement, si le souscripteur réunit à la fois les trois conditions suivantes :

1° Plus de deux ans de sociétariat ;

---

(1) Femme et enfants ; à défaut, père ou mère, frère ou sœur, etc.

2° Demande d'augmentation faite dans le délai de trois mois après l'événement;

3° Versement immédiat de deux années de cotisations relatives à l'augmentation.

ART. 8 — En cas de réduction dans le nombre de parts primitivement souscrites, la nouvelle assurance prend cours à partir du premier jour du mois où la cotisation aura été diminuée.

ART. 9. — Chaque sociétaire est libre de se retirer, à toute époque de l'année, par un simple refus écrit de payer sa cotisation.

ART. 10. — Tout sociétaire démissionnaire qui demande sa réadmission est considéré comme sociétaire nouveau.

ART. 11. — La qualité de sociétaire se perd :

1° Par la radiation définitive des contrôles de l'activité;

2° Par un retard de six mois dans le paiement des cotisations.

ART. 12. — Les officiers ou assimilés en non-activité ainsi que les officiers généraux en disponibilité restent sociétaires à condition de continuer leurs versements.

Nombre maximum de parts pouvant être souscrites

ART. 13. — Chaque sociétaire ne peut souscrire que le nombre de parts indiqué au Tableau ci-après :

COMPOSITION DE LA FAMILLE	Servant au titre français	Ne servant pas au titre français. Disciplinaires ; condamnés
A. — Militaires de tous grades de moins de 25 ans de services		
Célibataire, veuf ou divorcé sans enfants........	1 à 10 parts	1 part
Veuf ou divorcé avec N enfants mineurs.........	1 à 10(N+1) parts	1 à N+1 parts
Marié avec N enfants mineurs..................	1 à 10(N+2) parts	1 à N+2 parts
B. — Militaires de tous grades de plus de 25 ans de services		
Célibataire, veuf ou divorcé sans enfants........	1 à 10 parts	comme ci-dessus
Veuf ou divorcé avec N enfants mineurs.........	1 à 10 N parts	comme ci-dessus
Marié avec N enfants mineurs..................	1 à 10(N+1) parts	comme ci-dessus

Cotisations mensuelles

ART. 14. — Chaque part souscrite donne lieu au paiement d'une cotisation mensuelle dont le taux varie avec les chances de mortalité de chaque catégorie de sociétaires.

Ce taux est actuellement le suivant :

CATÉGORIES	OFFICIERS	TROUPE
1° Militaire en station ou voyageant : *a* en Europe ; *b* dans la partie de l'Afrique septentrionale située au nord de la zone saharienne.	0f45	0f31
2° Militaire en station ou voyageant en dehors des limites ci-dessus.	1f45	1f45
3° Militaire faisant partie des corps ou services ci-après : Colonnes expéditionnaires ; Régiments étrangers ; Bataillons d'infanterie légère d'Afrique ; Compagnies de pionniers et de fusiliers de discipline ; Prisons, pénitenciers et ateliers de travaux publics.	1f45	1f45

Art. 15. — Les retenues sont faites par prélèvement d'office sur la solde par le Trésorier de chaque corps ou par le Sous-Intendant pour tous les militaires dont il mandate la solde.

Mention de la retenue à opérer mensuellement est faite sur le certificat de cessation de paiement des absents.

Ceux des hommes de troupe à qui le certificat de cessation de paiement n'est pas applicable, ou ceux dont la cotisation est supérieure au montant des centimes de poche, doivent prendre leurs dispositions pour faire parvenir en temps opportun leurs versements au Trésorier de leur corps.

Art. 16. — Tout militaire qui viendrait à passer de la 1re à la 2e ou à la 3e catégorie doit, dans le délai d'un mois, ou payer la nouvelle prime afférente à sa catégorie, ou réduire le nombre de ses parts.

Art. 17. — Après cinq ans de fonctionnement, les taux seront calculés chaque année pour l'année suivante, d'après les résultats obtenus dans chaque catégorie pendant les cinq années précédentes.

Cotisations des deux premières années

Art. 18. — En cas de radiation définitive des contrôles de l'activité, les cotisations des deux premières années, déduction faite du montant des versements en retard, sont rendues aux sociétaires sur leur demande.

Les cotisations des membres décédés avant deux ans de sociétariat sont rendues aux ayants-droit, ainsi qu'il est dit à l'article 6.

Celles des membres décédés après plus de deux ans de sociétariat sont versées au Fonds de réserve prévu à l'art. 31.

Art. 19. — Les cotisations des deux premières années des membres démissionnaires ou rayés d'office ne leur sont restituées qu'au moment de leur radiation des contrôles de l'activité, après déduction du montant des versements en retard, le cas échéant.

Répartition annuelle entre les bénéficiaires du montant global des cotisations recueillies

Art. 20. — L'année d'assurance commence le 1er janvier et se termine le 31 décembre.

Art 21. — Les cotisations recueillies dans le courant d'une année sont réparties, le 10 avril de l'année suivante, entre les héritiers des sociétaires décédés la même année, au prorata de leurs parts

Art. 22 — Le montant de la répartition, pour une part, sera d'environ mille francs.

Art. 23 — Dans le but de parer aux premiers besoins, un acompte de cent francs par part est mis à la disposition des bénéficiaires dès la production de l'acte de décès.

Art. 24. — Les sommes revenant aux ayants-droit leur sont toujours remises par l'intermédiaire de la Caisse des Dépôts et Consignations.

Celles non réclamées dans le délai de 5 ans sont acquises à la Société et versées au Fonds de réserve.

Art. 25. — En outre des cas de mort naturelle ou par accident, la Société couvre les risques de guerre en dehors de la mobilisation générale, et aussi ceux de suicide ou condamnation judiciaire, sous la réserve des dispositions de l'article suivant :

Art. 26. — Les parts sinistrées par suite de suicide ou condamnation judiciaire sont comprises intégralement dans la répartition tant que leur nombre n'est pas supérieur au dixième des parts sinistrées pour une cause quelconque.

Si ce dixième venait à être dépassé, une réduction proportionnelle serait opérée, de manière que la somme globale revenant aux parts de cette catégorie soit égale au dixième du montant des cotisations recueillies.

Art. 27. — Les dons, legs, subventions, etc. qui pourraient échoir à la *Mutuelle-vie de l'armée* seront, à raison d'un dixième du montant de chacun d'eux, répartis séparément chaque année, non pas au prorata des parts souscrites par les décédés, mais au prorata du nombre de têtes entrant dans la composition de leur famille.

En cas de mobilisation générale, les sommes restant à distribuer sont affectées au Fonds de réserve.

Pièces à fournir en cas de décès

Art. 28. — Les héritiers d'un souscripteur décédé avant deux ans de sociétariat ou après deux ans de sociétariat, mais démissionnaire ou rayé d'office, doivent remettre dans le délai d'un mois, contre récépissé au Trésorier du Corps ou au Sous-Intendant militaire, selon le cas, un extrait de l'acte de décès légalisé.

Art. 29. — Les héritiers d'un souscripteur décédé après plus de deux ans de sociétariat doivent remettre les pièces suivantes, contre récépissé, au Trésorier du Corps ou au Sous-Intendant militaire :

1° Un extrait de l'acte de décès de l'assuré avec signature légalisée ;	dans le délai d'un mois
2° Un état des services le concernant, signé du Chef de Corps ou du Sous-Intendant militaire ;	dans le délai de trois mois, après le décès
3° Un Certificat médical constatant que le décès n'est pas dû à un suicide ou à une condamnation judiciaire ; ce document devra être signé par le médecin militaire du Corps ou à défaut par un médecin civil, et en outre visé par le Chef de Corps ou de Service ;	
4° Un Certificat du Maire indiquant la composition de la famille au jour du décès.	

Art. 30. — A partir du 1er avril de l'année qui suit celle du décès de l'assuré, aucune production nouvelle de pièces ne sera admise.

La répartition sera faite en tenant compte uniquement de ceux des quatre documents ci-dessus qui auront été fournis avant cette date.

La non production des documents ci-après entrainera les conséquences suivantes :

DOCUMENTS NON FOURNIS avant le 1er avril de l'année qui suit celle du décès de l'assuré	CONSÉQUENCES — L'assuré sera considéré comme :
Acte de décès	non décédé
Etat des services	ayant plus de 25 ans de services
Certificat médical	suicidé
Certificat du Maire	célibataire

Fonds de réserve

Art. 31. — Il est constitué pour le temps de guerre un *Fonds de réserve* permettant de distribuer des secours aux familles des militaires morts pendant la campagne.

Art. 32. — Ce fonds est alimenté par les ressources suivantes :

1° Cotisations des deux premières années de l'effectif des militaires sociétaires existant à la date du 1er jour de la mobilisation;

2° Cotisations des deux premières années des sociétaires décédés depuis la fondation de la *Mutuelle-vie de l'armée* jusqu'au 1er jour de la mobilisation ;

3° Intérêts des cotisations recueillies dans le courant de chaque année ;

4° Capitaux non réclamés par les ayants-droit dans le délai de 5 ans ;

5° Dons legs et subventions restant à distribuer au 1er jour de la mobilisation ;

6° Intérêts composés des sommes ci-dessus.

Cas de mobilisation générale

Art. 33. — Au 1er jour de la mobilisation, les versements mensuels cessent et les cotisations recueillies entre le 1er jour de l'année et cette date sont réparties, au prorata de leurs parts, entre les familles des sociétaires décédés pendant ce laps de temps.

Art. 34. — Le Fonds de réserve, constitué de la manière indiquée à l'article 32, est distribué en fin de campagne, toujours au prorata des parts souscrites, entre les familles des sociétaires décédés entre le 1er jour de la mobilisation et le dernier jour du trimestre d'année qui suit celui de la signature de la paix.

Art 35. — L'association reprend ensuite son fonctionnement normal. Les cotisations sont doublées pendant les deux premières années qui suivent, afin de reconstituer un nouveau fonds de réserve.

Administration

Art. 36. — Les Trésoriers des Corps de troupe et les Sous-Intendants militaires tiennent un registre à souche de comptabilité concernant toutes les opérations faites au compte de la Société.

Le 2 de chaque mois, ils adressent au Conseil d'administration du Corps de troupe de Paris, chargé de centraliser les opérations, en même temps qu'un mandat sur le Trésor représentant le montant des cotisations recueillies, un volant dudit registre portant décompte de toutes leurs recettes, signalant les mutations du mois écoulé et enregistrant l'envoi des diverses pièces à faire parvenir au Conseil, en particulier celles dont ils ont donné récépissé.

Ils conservent les livrets-polices des souscripteurs ; ils en arrêtent les comptes et les font signer par les intéressés, du 15 au 30 du dernier mois de chaque trimestre.

En cas de changement de corps, le livret-police est arrêté et remis au titulaire qui est chargé de le faire parvenir au Trésorier de son nouveau corps ou au Sous-Intendant militaire, selon le cas.

En cas de décès ou de radiation des contrôles de la Société, le livret-police est transmis par le Trésorier ou le Sous-Intendant au Conseil d'Administration.

Art. 37. — Les Trésoriers et les Sous-Intendants exercent à leur profit, à titre de frais de bureau, une retenue de un pour cent sur les sommes qu'ils envoient au Conseil d'Administration central.

Ce Conseil exerce également, à titre de frais de bureau et d'administration, une autre retenue de 0 fr. 76 pour cent sur toutes les cotisations recueillies.

Art. 38. — Le Conseil d'administration verse mensuellement, au Trésor, les droits de Timbre et d'Enregistrement s'élevant actuellement à 1 fr. 24 pour cent des cotisations ; il dépose ensuite le reliquat des fonds reçus en compte courant disponible à la Caisse des Dépôts et Consignations. Le montant des cotisations des deux premières années des sociétaires donne lieu à l'achat d'inscriptions de rente.

Art. 39. — Le Conseil d'administration de la *Mutuelle-vie de l'armée* est composé du Conseil d'administration du corps de troupe de Paris désigné par le Ministre pour centraliser les opérations, auquel sont adjoints les 16 membres ci-après, tous sociétaires, pris dans la garnison de Paris :

Sous-Intendant militaire, Rapporteur	1
Capitaine ou Lieutenant secrétaire, trésorier	1
Capitaines d'Infanterie, de Cavalerie, d'Artillerie, du Génie, de Gendarmerie (un par arme)	5
Médecin-major de 2e classe	1
Officier d'administration de 1re classe	1
Un sous-officier de chacune des armes ou services ci-dessus	7

Art. 40. — Le Conseil d'administration se réunit le 10 de chaque mois.

Les mandats à son adresse sur le Trésor sont acquittés seulement par le Président, le Sous-Intendant militaire et le Trésorier.

Les membres supplémentaires dudit Conseil sont renouvelés tous les deux ans par moitié ; le Sous-Intendant et le Trésorier ne peuvent être remplacés simultanément.

Chaque séance donne lieu à l'établissement d'un procès-verbal inscrit au Registre des délibérations.

La présence de la moitié des membres est nécessaire pour la

validité de ses décisions, qui sont définitives et ne peuvent être attaquées qu'en Conseil d'Etat.

Art. 41. — Le montant des sommes mises par le Conseil d'Etat à la charge de la Société pour être payées à certains bénéficiaires, les frais de jugement et autres, sont imputés sur les cotisations de l'année en cours.

Art. 42. — Le Président du Conseil donne des ordres pour la convocation du Conseil. Il signe seul la correspondance. Il représente la Société vis-à-vis de l'autorité publique.

Art. 43. — Le Sous-Intendant militaire, rapporteur, contrôle les écritures et les opérations relatives à la gestion des fonds. A chaque réunion mensuelle, il expose la situation financière, présente un projet de placement en rentes sur l'Etat des sommes à effecter au fonds de réserve et veille à la stricte observation des statuts.

Art. 44. — Le Capitaine ou Lieutenant secrétaire-trésorier est chargé de la tenue de la Comptabilité relative à la Société.

Il est désigné par le Conseil d'administration, avec l'approbation du Ministre.

Son service comprend, en sus de la conservation des archives et de l'établissement des livrets-polices, la tenue des registres ci-après :

1° Registre des délibérations du Conseil ;
2° Registre de correspondance ;
3° Registre des recettes ;
4° Registre des dépenses ;
5° Registres-répertoires des Sociétaires ;
6° Registre des comptes-courants avec la Caisse des Dépôts et Consignations ;
7° Registre du Fonds de réserve portant inscription des rentes achetées ;
8° Registre des décédés.

Avant la réunion du Conseil, il est chargé d'opérer toutes les recettes relatives aux cotisations du mois courant et établit une situation générale de la Caisse.

Un nombre suffisant de secrétaires est mis à sa disposition.

Tous doivent être sociétaires et l'un d'eux, du grade de sous-officier, devra être apte à remplacer le Trésorier indisponible ou absent momentanément.

Art. 45. — Avec son premier versement, chaque sociétaire nouveau paie un droit fixe de 0 fr. 60, dont 0 fr. 50 pour fourniture du Livret-police et 0 fr. 10 pour frais d'achat de registres, timbres humides, etc., à titre de première mise, aux Trésoriers et aux Sous-Intendants.

Art. 46. — Le compte-rendu annuel de la séance du Conseil d'administration du 10 avril de chaque année, au cours de laquelle sera fixée la somme revenant à chaque part, est adressé en double expédition au Ministre de la Guerre et à tous les Chefs de Corps et Services. Une des expéditions sera déposée dans la salle de lecture des officiers et l'autre dans celle des sous-officiers.

Une autre expédition sera en outre envoyée à chaque Trésorier ou Sous-Intendant.

Art. 47 — Le Ministre de la Guerre a le droit de faire vérifier les écritures et les comptes de la Société par les Contrôleurs de l'armée et de se faire rendre compte de son fonctionnement.

Art. 48. — En cas de dissolution définitive de l'Association, le Conseil d'Administration procède à la liquidation des valeurs mobilières. L'actif sera reparti entre les héritiers des sociétaires décédés dans le courant des dix dernières années, au prorata de leurs parts respectives.

Art. 49. — Toute modification aux présents statuts est soumise au Conseil d'Administration. Elle n'est définitive qu'après approbation du Ministre de la Guerre.

En particulier, après cinq ans de fonctionnement, on pourra examiner s'il n'y aurait pas lieu de servir un capital fixe de mille francs par part, au lieu d'un capital variable, en prélevant sur le fonds de réserve ou en lui restituant alternativement les sommes nécessaires pour ramener le montant de chaque part à mille francs net.

Dispositions transitoires

Art. 50. — La première année du fonctionnement de l'Association, chaque sociétaire ne pourra souscrire qu'une part par tête entrant dans la composition de sa famille.

Art. 51. — Après deux ans de fonctionnement, si la répartition venait à tomber au-dessous de 800 francs ou à dépasser 1200 francs, les taux respectifs des primes ultérieures seraient modifiés de manière à ramener cette répartition à environ 1000 francs.

IIe PARTIE

De l'Assurance-Infirmités dans l'Armée

CHAPITRE Ier

Des réformes pour infirmités prononcées chaque année dans l'armée

Effectifs de l'armée de 1893 à 1902 (1)

Les effectifs de l'armée ayant servi de base aux statistiques médicales, de 1893 à 1902, sont donnés par le tableau suivant :

ANNÉES	Effectif total	OFFICIERS	Sous-Officiers	SOLDATS ayant plus d'un an de service	SOLDATS ayant moins d'un an de service
1893	525.687	21.071	37.935	283.576	183.105
1894	546.371	21.510	37.667	278.660	208.531
1895	541.459	21.105	37.374	270.293	213.687
1896	564.643	21.578	38.527	291.909	212.629
1897	585.037	21.837	39.273	306.210	217.717
1898	610.722	22.535	40.972	333.883	213.332
1899	605.857	22.872	41.999	334.397	206.589
1900	572.029	22.207	41.139	311.062	197.621
1901	554.219	23.130	41.115	293.538	196.136
1902	562.392	23.089	41.958	296.130	201.215

Ces effectifs nous sont nécessaires pour nous aider à déterminer la proportion pour mille des radiations pour infirmités effectuées chaque année, attendu que cette proportion ne figure pas dans les statistiques.

Retraites, non-activités et réformes, prononcées de 1893 à 1900

En matière de radiations pour infirmités, les statistiques médicales ne comportent, de 1893 à 1900, que deux catégories : Officiers et Troupe.

Pour chacune de ces catégories, le tableau suivant donne dans la première colonne le chiffre des réformes fourni par la statistique, et, dans la 2e colonne, la proportion de ces

(1) Extrait des statistiques médicales de l'armée, de 1893 à 1902.

réformes pour mille de l'effectif, proportion obtenue en comparant ce chiffre avec les données du tableau ci-dessus.

ANNÉES	ARMÉE ENTIÈRE		OFFICIERS		TROUPE	
	Total des radiations effectuées pour infirmités	Proportion pour mille de l'effectif	Nombre de retraites, mises en non-activité et réformes	Proportion pour mille de leur effectif	Nombre de retraites et réformes	Proportion pour mille de son effectif
1893	11.062	21,0	76	3.6	10.986	21,8
1894	10 375	19,0	97	4,5	10.278	20,6
1895	15.145	27,8	89	4,2	15.056	28,7
1896	12.839	22,7	81	3,8	12.758	23,5
1897	13.486	23,0	66	3,2	13.420	24.8
1898	16.112	26,4	86	3,8	16.026	27,2
1899	16 941	28,0	85	3,7	16.856	29,0
1900	15.392	26,9	99	4,5	15.293	27,8
Moyennes. .	»	24,3	»	3,9	»	25,4

De l'examen de ce tableau, il résulte que les radiations des officiers ne sont que de 3,9 pour mille, même en y comprenant les mises en non-activité pour infirmités temporaires qui sont souvent suivies de rappels à l'activité, tandis que les radiations de la troupe atteignent 25 pour mille.

Retraites, non-activités et réformes prononcées en 1901 et 1902.

Depuis 1901, les statistiques médicales de l'armée publiées jusqu'à ce jour, — c'est-à-dire celles de 1901 et de 1902, — nous donnent une décomposition plus détaillée des radiations effectuées. Elles classent les militaires de tous grades en quatre catégories, au lieu de deux, savoir : 1° Officiers ; 2° Sous-Officiers ; 3° Soldats ayant plus d'un an de service ; et 4° Soldats ayant moins d'un an de service.

Cette nouvelle classification, dont les résultats sont mentionnés dans le tableau ci-après, va nous donner une idée très exacte des réformes prononcées dans chaque catégorie de militaires.

ANNÉES	Armée entière		Officiers		Sous-Officiers		Soldats ayant plus d'un an de service		Soldats ayant moins d'un an de service	
	Total des radiations effectuées pour infirmités	Proportion pour mille de l'effectif	Nombre de retraites mises en non-activité et réformes	Proportion pour mille de leur effectif	Nombre de retraites et réformes numéros 1 et 2	Proportion pour mille de leur effectif	Nombre de retraites et de réformes numéros 1, 2 et temporaires	Proportion pour mille de leur effectif	Nombre de retraites et de réformes numéros 1, 2 et temporaires	Proportion pour mille de leur effectif
1901	16.523	29,8	91	3,9	122	2,97	5.303	18,1	11.007	56,2
1902	21.416	38,1	82	3,5	114	2,73	5.928	20,0	15.292	76,2
Moyennes.	»	34,0	»	3,7	»	2,9	»	19,0	»	66,0

Pendant les années 1901 et 1902, les radiations des officiers ont donc été en moyenne de 3,7 pour mille ; celles des sous-officiers, de 2,9; celles des soldats ayant plus d'un an de service, de 19,0, et enfin celles des soldats ayant moins d'un an de service, de 66,0 pour mille.

Ces proportions sont plus élevées que celles qui correspondent aux radiations définitives pour infirmités, attendu qu'on n'a pas tenu compte des rappels ultérieurs à l'activité des officiers, ni des rappels sous les drapeaux des hommes de troupe.

Ces radiations définitives font l'objet du paragraphe ci-après.

Des réformes réellement prononcées chaque année

D'après les décrets de promotions parus au journal officiel pendant les cinq dernières années, on a rappelé à l'activité, en année moyenne, 30 officiers des corps de troupe qui avaient été mis en non-activité pour infirmités temporaires, ce qui correspond à une proportion de 1,3 pour mille de leur effectif.

En outre, d'après les Comptes-rendus du Recrutement, de 1900 à 1902, on a rappelé sous les drapeaux chaque année, en moyenne, 2.800 soldats qui avaient été réformés temporairement, c'est-à-dire une proportion de 0,6 pour mille de leur effectif.

En conséquence, les radiations *définitives* prononcées en année moyenne sont les suivantes :

Officiers : 3,7—1,3 =		2,4	pour mille
Sous-Officiers :		2,9	—
Soldats ayant plus d'un an de service	19,0—0,6 =	18,4	—
Soldats ayant moins d'un an de service	66,0 - 0,6 =	65,4	—

Les fortes proportions de 18,4 et 65,4 pour mille, concernant les hommes de troupe, sont dues principalement : d'une part, à la tuberculose qui cause un quart du total des réformes, et d'autre part, aux affections cardiaques et aux maladies des yeux qui déterminent un autre quart des réformes.

L'examen des chiffres ci-dessus nous montre d'une manière frappante que de 65,4 pour mille à un an de service, les réformes des militaires tombent à 18,4 pour mille les deuxième et troisième années, pour descendre à 2,9 seulement chez les sous-officiers.

Nous pouvons donc admettre qu'après quatre ans de service, les réformes de la troupe ne sont que de 2,9 pour mille.

Cette hypothèse est rationnelle, car les soldats commissionnés de plus de quatre ans de services sont assimilables aux sous-officiers, aussi bien au point de vue physique qu'à celui des fatigues du service.

En conséquence, nous admettrons donc pour les sous-officiers de plus de deux ans de services, ainsi que pour les soldats ayant plus de quatre ans de services, une proportion de réformes pour infirmités de 2,9 pour mille, tandis que pour les officiers, cette proportion sera de 2,4 pour mille.

CHAPITRE II

Projet de fonctionnement d'une Société mutuelle d'assurances en cas de réforme pour infirmités entre militaires de tous grades. -- La *Mutuelle-infirmités de l'Armée.*

But de l'Association proposée

L'Association que nous nous proposons de constituer sous le nom de *Mutuelle-infirmités de l'armée* a pour objet, au moyen d'une faible cotisation mensuelle versée par chacun de ses membres, de venir en aide à ceux d'entre eux qui viendraient à être réformés pour infirmités contractées dans le service ou en dehors du service (1).

Les sommes ainsi mises à leur disposition ont pour but de compenser, dans une certaine mesure, la diminution de capacité de travail causée par l'infirmité qui a motivé leur réforme.

Conditions à remplir pour en faire partie.

Tous les militaires servant dans l'armée française, à quelque titre que ce soit, sont admis à faire partie de l'association, sur leur simple demande.

Aucune visite médicale n'est exigée, mais un stage préparatoire de deux ans leur est imposé, comme dans la *Mutuelle-vie* d'ailleurs, afin d'écarter les risques anormaux provenant de réformes prématurées.

Les officiers et les sous-officiers sont assurés immédiatement après leurs deux années de stage, tandis que les

(1) Ces infirmités peuvent provenir d'une cause quelconque : maladie, blessure, accident, etc.

caporaux et soldats ne pourront l'être que s'ils comptent au moins quatre ans de services, dont deux de stage [1].

Tous sont rayés d'office, en temps de paix, dès qu'ils ont atteint 25 ans de services [2].

Mode d'assurance à employer.

Nous emploierons le même mode d'assurance que celui que nous avons préconisé dans la *Mutuelle-vie*, c'est-à-dire que le montant des cotisations recueillies dans le courant d'une année sera réparti entre les sociétaires réformés la même année, proportionnellement au nombre de parts qu'ils ont souscrites.

Cette manière de procéder qui oblige la Société à liquider ses comptes tous les ans, possède l'avantage de ne jamais la mettre en mesure de contracter des dettes ou de payer un nombre incommensurable de pensions ; elle réduit en outre sa comptabilité au strict minimum.

Montant des cotisations mensuelles.

Comme dans la *Mutuelle-vie* et pour les mêmes raisons, chaque classe de sociétaires paiera une cotisation proportionnelle à son risque.

On aura également recours à une cotisation fixe, à portée de toutes les bourses, pour assurer un capital qui pourra varier quelque peu, au lieu d'une cotisation variable assurant un capital fixe.

La proportion pour mille de réformes définitives pour infirmités étant de 2,4 pour les officiers,

et 2,9 pour les sous-officiers et hommes de troupe,

il s'ensuit qu'une prime annuelle de :

$2,4 \times 1,03 = 2$ fr. 48 pour les premiers,

et de $2,9 \times 1,03 = 2$ fr. 99 pour les seconds,

comprenant une majoration de 3 pour cent pour impôts et frais d'administration, est nécessaire et suffisante pour assurer un capital moyen de 1.000 francs.

En conséquence, la cotisation mensuelle sera de :

$2,48 : 12 = 0$ fr. 21 pour les officiers ;

et $2,99 : 12 = 0$ fr. 25 pour la troupe.

Ces cotisations étant inférieures à celles de la *Mutuelle-vie* sont, a fortiori, comme elles, à portée de toutes les bourses.

Les officiers et hommes de troupe d'Algérie-Tunisie, stationnés dans la région du Tell ou dans celle des Hauts-Plateaux, — au Nord de la zone saharienne qui donne droit au

---

(1) Les raisons qui nous obligent à écarter de l'assurance-infirmités les caporaux et les soldats de moins de quatre ans de services sont dues uniquement à la proportion considérable de réformes qu'ils présentent pendant ce laps de temps — de 18 à 63 pour mille, — proportion qui les obligerait à payer une cotisation annuelle très élevée, variant de 18 à 65 francs pour assurer mille francs.

(2) A 25 ans de services, un homme de troupe a droit à une pension de retraite réversible en partie sur sa veuve ; un officier réformé pour infirmités y a également droit.

bénéfice de la campagne double, — paieront les mêmes primes que ci-dessus.

En dehors des limites de l'Europe entière et de la partie de l'Afrique septentrionale située au Nord de la zone précitée, la cotisation mensuelle de tous les militaires sera portée uniformément à 1 fr. 10 (1).

Il en sera de même pour les militaires de tous grades faisant partie des Corps ou Services ci-après qui présentent une mortalité exceptionnelle de 15 à 18 pour mille et qui doivent rationnellement fournir une proportion de réformes pour infirmités en rapport avec leur mortalité :

Régiments étrangers, Bataillons d'Infanterie légère d'Afrique, Compagnies de pionniers et de fusiliers de discipline, Prisons, Pénitenciers et Ateliers de Travaux Publics.

Après deux ans de fonctionnement de la Société, les taux des primes ci-dessus pourront être modifiés, si la répartition présentait un écart de plus de 20 pour cent par rapport à la moyenne.

Enfin, après cinq années de fonctionnement, les taux seront calculés chaque année, pour l'année suivante, d'après les résultats obtenus pendant les cinq années précédentes.

Capital probable assuré en cas de réforme pour infirmités.

En cas de retraite ou de réforme définitive pour infirmités, les cotisations ci-dessus, de 0 fr. 21 et de 0 fr. 25, assureront à tout militaire un capital moyen de 1.000 francs (2).

Les répartitions auraient été les suivantes en 1901 et 1902 :

$$\frac{2.400+2.900}{(3,9-1,3+2,97)} = \frac{5.300}{5,57} = 950 \text{ francs net}$$

$$\frac{2.400+2.900}{(3,5-1,3+2,73)} = \frac{5.300}{4,93} = 1075 \quad \text{—}$$

Après cinq ans de fonctionnement de la Société, c'est-à dire une fois que les taux des primes auront été définitivement établis, on pourrait servir un capital fixe de 1.000 francs par part, au lieu d'un capital variable, en prélevant sur le fonds de réserve ou en lui restituant alternativement les sommes nécessaires pour ramener le montant de chaque part à 1.000 francs net.

Enfin, si des subventions, dons ou legs, étaient attribués à notre Société mutuelle, leur montant pourrait être réparti,

---

(1) La cotisation de la troupe dans la *Mutuelle-infirmités* étant les 0,25 0,31 de celle de la *Mutuelle-vie*, cette cotisation de 1 fr. 10 a été obtenue en prenant les 25/31 de la cotisation coloniale de la *Mutuelle-vie*, qui est de 1 fr. 48.

(2) Pour les raisons suivantes, il n'est pas possible de faire varier ce capital proportionnellement au degré de gravité de l'infirmité qui a motivé la réforme :

1° La plupart des réformes sont dues aux maladies, telles que la tuberculose, les affections des yeux et du cœur, etc.

2° Moins d'un dixième d'entre elles sont imputables aux accidents ou blessures ;

3° Les degrés d'invalidité ne peuvent guère être évalués qu'en cas d'accident, ceux concernant les cas de maladie pouvant varier considérablement après la mise en réforme. Ainsi, un militaire réformé pour tuberculose pulmonaire peut très bien guérir ou mourir de son affection, selon la marche de celle-ci.

à raison de 1/10 par an, non pas au prorata des parts souscrites par les réformés, mais au prorata du nombre de têtes entrant dans la composition de leur famille.

Nombre maximum de parts pouvant être souscrites

Comme dans la *Mutuelle-vie* et toujours pour les mêmes raisons, nous fixerons à 10.000 francs par tête entrant dans la composition de sa famille le maximum de la souscription de chaque adhérent [1].

Ce capital de 10.000 francs correspond à 10 parts.

Les militaires de tous grades ne servant pas au titre français dans les Régiments étrangers et les troupes indigènes d'Algérie-Tunisie, les disciplinaires et condamnés pendant la durée de leur peine, ne pourront bénéficier que d'une seule part au lieu de dix.

Par suite, les adhésions seront admises dans les limites suivantes pour les militaires de moins de 25 ans de service.

COMPOSITION DE LA FAMILLE	Militaires servant au titre français	Ne servant pas au titre français; disciplinaires et condamnés
Célibataire, veuf ou divorcé sans enfants......	1 à 10 parts	1 part
Veuf ou divorcé avec X enfants mineurs.......	1 à 10 (X+1)	1 à X+1
Marié avec X enfants mineurs..............	1 à 10 (X+2)	1 à X+2

Risques exclus

Les risques provenant de tentative de suicide et de mutilation volontaire sont seuls exclus de l'assurance.

Remboursement des primes des deux premières années

Les cotisations versées par les militaires, pendant les deux premières années de leur sociétariat, n'ont pas servi à les assurer. Demeurant disponibles, elles leur seront restituées lors de leur radiation des contrôles de l'activité et contribueront à leur venir en aide au moment où ils seront rendus à la vie civile.

Les versements analogues des sociétaires décédés en activité, ou réformés pour infirmités, seront affectés au Fonds de réserve prévu ci-après.

Quant à ceux des sociétaires qui viendraient à mourir dans le courant des deux premières années, ils seront rendus immédiatement aux ayants-droit.

(1) Après plusieurs années de fonctionnement de la société, il sera loisible d'examiner si ce maximum ne pourrait pas être augmenté sans inconvénient.

Fonds de réserve

Il est constitué pour le temps de guerre un *Fonds de réserve* permettant de distribuer des secours aux sociétaires devenus infirmes, pendant la campagne, par suite de maladie, de blessure ou d'accident.

Les anciens sociétaires en activité, comptant plus de 25 ans de services participeront également à la répartition qui en sera faite au prorata des parts dont ils étaient titulaires (1).

Ce fonds sera alimenté par les ressources suivantes :

1° Cotisations des deux premières années de l'effectif des militaires sociétaires et anciens sociétaires en activité existant à la date du 1er jour de la mobilisation;

2° Cotisations des deux premières années des sociétaires décédés ou réformés pour infirmités depuis la fondation de l'Association jusqu'au 1er jour de la mobilisation ;

3° Intérêts des cotisations recueillies dans le courant de chaque année;

4° Capitaux non réclamés par les ayants-droit dans le délai de 5 ans ;

5° Dons, legs et subventions restant à distribuer au 1er jour de la mobilisation ;

6° Intérêts composés des sommes ci-dessus.

Cas de mobilisation générale

Au 1er jour de la mobilisation générale, les versements mensuels cessent, et les sommes recueillies entre le 1er jour de l'année et cette date sont réparties entre les sociétaires réformés pour infirmités pendant ce laps de temps, au prorata de leurs parts.

Le fonds de réserve, constitué comme il est expliqué ci-dessus, est réparti en fin de campagne, toujours au prorata des parts souscrites, entre les sociétaires et anciens sociétaires en activité réformés pour infirmités entre le 1er jour de la mobilisation générale et le dernier jour du trimestre d'année qui suit celui de la signature de la paix.

L'association reprend ensuite sa marche normale en faisant doubler les cotisations des deux premières années pour reconstituer un nouveau Fonds de réserve.

Administration

La Société sera administrée de la même manière que la *Mutuelle-vie*.

---

(1) Les militaires de plus de 25 ans de services auront la faculté de verser, dès le temps de paix, des cotisations mensuelles en vue d'une mobilisation générale, mais seulement dans les limites fixées pour les militaires de moins de 25 ans de services.

L'année d'assurance commencera toujours le 1er janvier pour se terminer le 31 décembre.

La répartition du montant des cotisations de l'année aura lieu le 10 novembre de l'année suivante (1), et un acompte de 100 francs par part sera mis à la disposition de chaque intéressé dans le courant du mois qui suivra sa radiation des contrôles de l'activité par suite de retraite ou de réforme définitive pour infirmités, sur le vu :

1° soit d'une Copie conforme de la Décision Ministérielle qui l'aura retraité ou réformé n° 1, soit de l'Extrait du Procès-verbal (2) de la Commission qui l'aura réformé n° 2, selon le cas ;

2° de l'Etat des services le concernant.

Les sociétaires réformés devront remettre, contre récépissé, soit au Trésorier de leur ancien Corps, soit au Sous-Intendant militaire de leur domicile, dans le courant du mois d'octobre de l'année qui suit celle où la réforme a été prononcée :

1° Un certificat du Maire indiquant la composition de la famille au jour de leur radiation des contrôles, avec la date de naissance de chacun des enfants ;

2° Un certificat de vie du sociétaire à la date du 1er octobre, délivré par un notaire (3).

Après le 1er novembre, aucune production nouvelle de pièces ne sera admise et la répartition sera faite en ne tenant compte que des documents reçus avant cette date.

Dispositions transitoires

Les mêmes que pour la *Mutuelle-vie de l'armée.*

Statuts

Les statuts seront ceux de la *Mutuelle-Vie de l'armée,* modifiés toutefois d'après les données du présent chapitre.

---

(1) Un certain nombre de cas de réforme pour infirmités étant suivis de décès dans un laps de temps assez court, un délai de neuf mois au moins de survie est exigé des sociétaires pour bénéficier de l'assurance.

(2) Cet extrait devra mentionner que l'infirmité qui a motivé la réforme n'est pas due à une tentative de suicide ni à une mutilation volontaire.

(3) La production de ce certificat de vie n'est pas obligatoire pour les militaires sociétaires à la fois de la *Mutuelle-vie* et de la *Mutuelle-infirmités* au moment de leur radiation des contrôles, mais ils n'entreront alors dans la répartition de la *Mutuelle-infirmités* que pour le nombre minimum de parts dont ils étaient titulaires à l'une ou à l'autre de ces mutuelles. Cette disposition a pour but de faire participer à l'*Assurance-infirmités* les militaires sociétaires à la fois de la *Mutuelle-vie* et de la *Mutuelle-infirmités* qui viendraient à décéder entre la date de leur radiation des contrôles par suite de réforme pour infirmités et le 1er octobre de l'année qui suit celle de leur radiation.

IIIe PARTIE

De l'Assurance-Accidents dans l'Armée

CHAPITRE Ier

Fonctionnement des Compagnies françaises d'assurances contre les accidents

De l'assurance-accidents

Moyennant le versement d'une prime annuelle, variable avec le risque, les Compagnies françaises s'engagent à payer des indemnités fixées d'avance, par contrat, à tout souscripteur qui a subi, par accident, une blessure qui a entraîné soit sa mort, soit une invalidité absolue ou partielle, soit enfin une incapacité temporaire de travail.

Elles excluent de l'assurance, notamment *les maladies ordinaires et leurs suites*, ainsi que les blessures provenant de faits de guerre, de tremblements de terre, rixes, émeutes, infractions aux règlements de police, courses, etc.

Indemnité en cas de décès

En cas de décès immédiat, ou si la mort survient dans un certain délai après l'accident, les Compagnies paient intégralement la somme assurée pour cette éventualité.

Indemnité en cas d'invalidité

Les Compagnies distinguent généralement quatre degrés d'invalidité :

Premier degré. — Incapacité absolue et permanente de travail, par exemple, celle résultant de la perte de l'usage de deux membres.

Deuxième degré. — Incapacité partielle de travail correspondant à la perte de l'usage d'un membre, c'est-à-dire à une diminution de faculté de travail de 50 pour cent.

Troisième degré. — Incapacité partielle correspondant à la perte d'un œil ou de trois doigts, réduisant la faculté de travail de 25 pour cent.

Quatrième degré. — Incapacité partielle correspondant à la perte de deux doigts, c'est-à-dire à une diminution de faculté de travail de 10 pour cent au moins.

Selon le degré de l'invalidité, les Compagnies paient 10, 25, 50 ou 100 pour cent de la somme assurée pour l'invalidité totale.

Indemnité en cas d'incapacité temporaire

Si l'incapacité temporaire de travail est complète, l'assuré a droit à l'indemnité journalière entière, équivalente au prix d'une demi-journée de travail ; si elle n'est que partielle, il n'a droit qu'à une demi-indemnité.

Nous ne nous étendrons pas davantage sur cette indemnité spéciale qui n'a guère sa raison d'être dans l'armée, attendu que les militaires blessés perçoivent toujours leur solde et même ont droit aux soins médicaux gratuits.

Des primes

Pour assurer un capital de 1.000 francs aux officiers en activité de service, les Compagnies françaises font payer les primes annuelles suivantes : (1)

OFFICIERS	CAS de décès	Cas d'invalidité totale	Les deux cas réunis
Service exclusif des bureaux........	1fr10	1fr10	2fr00 (2)
Montant à cheval......................	1fr90	1fr90	3fr40

Répartition des accidents selon leur degré de gravité

D'après les renseignements fournis par les statistiques des compagnies d'assurances, sur 1.000 accidents ayant entraîné au moins une incapacité temporaire de travail de plus de trois jours, il en existe :

987 suivis d'incapacité temporaire ;
10 suivis d'invalidité permanente ;
3 suivis de décès.

Les primes des Compagnies étant les mêmes pour assurer 1.000 francs, soit en cas de décès, soit en cas d'invalidité totale, il en résulte que, d'une manière générale, *les accidents suivis d'invalidité permanente diminuent la faculté de travail en moyenne de 30 pour cent* (3).

De la cherté des primes

Si l'on étudie avec soin, ou, plutôt, avec perspicacité, les comptes-rendus annuels des Compagnies françaises d'assu-

(1) Leurs tarifs ne font pas mention de la troupe.

(2) L'usage de la bicyclette et de l'automobile comporte une majoration de 15 pour cent, c'est-à-dire que la prime des officiers du service des bureaux se livrant à l'un de ces sports est de 2 fr. 30 ; aucune majoration n'est exigée des officiers montés.

(3) En effet, les 10 invalidités ci-dessus, qui donnent droit en moyenne à 30 pour cent du capital, équivalent à 3 décès donnant droit au capital entier.

rances sur les accidents, on peut y observer les faits suivants :

1° Sur 122.000 francs de primes encaissées concernant les accidents du travail, — loi du 9 avril 1898, — 100.000 francs sont distribués aux sinistrés, tandis que 22.000 francs sont conservés par les Compagnies pour faire face à leurs frais d'administration. Cette dernière somme correspond donc à une majoration de la prime pure égale à 22 pour cent ;

2° Sur 180.000 francs de primes encaissées concernant l'assurance dite individuelle, — dans laquelle rentre celle des officiers, — 100.000 francs seulement reviennent aux sinistrés, tandis que 80.000 francs sont acquis aux Compagnies. De sorte que la surcharge de la prime pure est énorme et atteint dans ce cas 80 pour cent.

La concurrence faite aux Compagnies, en matière d'assurance contre les accidents du travail, par la Caisse des Dépôts et Consignations, permet d'expliquer la majoration de prime relativement peu élevée de 22 pour cent, comparativement à celle de 80 pour cent concernant l'autre catégorie d'assurances.

La cherté excessive des primes des Compagnies françaises est due à l'importance des frais généraux auxquels elles sont assujetties. Ces frais sont les mêmes que dans l'*Assurance-Vie*, c'est-à-dire consistent en traitements et remises aux agents, frais de réclame, dividendes aux actionnaires, etc., etc.

Nous allons examiner, dans les Chapitres suivants, si, dans l'armée, on ne pourrait pas arriver à obtenir les mêmes garanties avec des primes notablement inférieures aux précédentes.

CHAPITRE II

Des décès dans l'armée causés par les accidents

Morts accidentelles, de 1893 à 1902

D'après les statistiques médicales de l'armée, les décès causés par les accidents, de 1893 à 1902, ont été les suivants : (1)

ANNÉES	ARMÉE ENTIÈRE		OFFICIERS		TROUPE		Observations
	Nombre de décès	Proportion pour mille de l'effectif	Nombre de décès	Proportion pour mille de leur effectif	Nombre de décès	Proportion pour mille de son effectif	
1893	244	0,46	9	0,43	235	0,47	Les officiers et hommes de troupe tués à l'ennemi dans le Sud Algérien sont compris dans les chiffres ci-contre.
1894	257	0 47	7	0 32	250	0 48	
1895	240	0 44	11	0 52	229	0 44	
1896	245	0 43	14	0 65	231	0 43	
1897	251	0 43	11	0 50	240	0 44	
1898	239	0 39	7	0 3:	232	0 40	
1899	224	0 37	21	0 92	203	0 31	
1900	261	0 46	8	0 37	253	0 46	
1901	280	0 50	17	0 73	263	0 49	
1902	214	0 38	11	0 46	203	0 38	
Moyennes	»	0,44	»	0,52	»	0,43	

Nous avons considéré comme décès résultant d'accidents tous ceux qui sont classés dans les tableaux V. A. des statistiques médicales sous les rubriques suivantes : *Lésions traumatiques; Accidents des plaies; Accidents produits par l'action directe de la chaleur, du froid ou de l'électricité; Intoxications; Morts accidentelles immédiates.*

Le tableau ci-dessus fait ressortir une moyenne annuelle de morts accidentelles, — suicides non compris, — de 0,52 pour mille chez les officiers et de 0,43 pour mille dans la troupe.

(1) Les effectifs de l'armée, nécessaires pour obtenir la proportion pour mille des décès par rapport à l'effectif, sont donnés au Chapitre Ier de la IIe Partie.

CHAPITRE III

Des invalidités dans l'armée résultant d'accidents

Retraites, non-activités et réformes accidentelles, de 1893 à 1902

De 1893 à 1902, les radiations de cette nature ont été les suivantes :(1)

ANNÉES	ARMÉE ENTIÈRE		OFFICIERS		TROUPE				Observations
	Total des radiations effectuées	Proportion pour mille de l'effectif	Nombre de retraites non-activités et réformes prononcées	Proportion pour mille de leur effectif	Totaux des retraites et réformes prononcées	Nombre de réformes n° 2 prononcées à l'arrivée au corps	Retraites et réformes n°s 1 et 2 prononcées après l'incorporation : Nombre	Retraites et réformes n°s 1 et 2 prononcées après l'incorporation : Proportion pour mille de l'effectif	
1893	491	0,94	4	0,19	487	100	387	0,77	Les radiations des officiers et hommes de troupe blessés à l'ennemi dans le Sud Algérien sont comprises dans les chiffres ci-contre.
1894	425	0,78	3	0,14	422	83	339	0,65	
1895	685	1,26	3	0,14	682	132	550	1,05	
1896	564	1,00	1	0,05	563	143	420	0,77	
1897	513	0,88	3	0,14	510	124	386	0,69	
1898	605	0,99	6	0,27	599	133	466	0,79	
1899	669	1,11	4	0,17	665	125	540	0,93	
1900	564	0,98	5	0,22	559	116	443	0,81	
1901	567	1,02	4	0,17	563	[120](2)	443	0,83	
1902	483	0,86	3	0,13	480	[102](2)	378	0,70	
Moyennes.	»	0,98	»	0,16	»	»	»	0,80	

Nous avons compris dans les infirmités accidentelles toutes celles qui sont classées dans les Tableaux VI. A. des Statistiques sous les rubriques suivantes : *Lésions traumatiques; Accidents des plaies; Accidents produits par l'action de la chaleur, du froid ou de l'électricité; Accidents divers; Intoxications.*

De l'examen du tableau ci dessus, il résulte que, pendant les dix dernières années, les officiers ont été réformés par suite d'accidents dans la proportion de 0,16 pour mille de leur effectif, tandis que la troupe l'était dans celle de 0,80 pour mille.

(1) Extrait des Statistiques médicales de l'armée de 1893 à 1902.
(2) Les statistiques de 1901 et de 1902 ne faisant plus ressortir le nombre de réformes prononcées à l'arrivée au corps, par suite du changement apporté dans la contexture du Tableau VI. A., nous avons obtenu les chiffres ci-dessus, mis entre crochets, en nous basant sur la moyenne des réformes des huit années précédentes.

Echelle de gravité des infirmités entraînant la réforme

Le Manuel du service des pensions (1) nous donne la classification suivante des infirmités ouvrant des droits à la pension de retraite :

1re Classe. — Cécité ou perte totale et irrémédiable de la vue.

2e Classe. — Amputation de deux membres.

3e Classe. — Amputation d'un membre.

4e Classe. — Perte absolue de l'usage de deux membres. Infirmités équivalentes.

5e Classe. — Perte absolue de l'usage d'un membre. Infirmités équivalentes.

6e Classe. — Infirmités mettant le militaire hors d'état de servir et de pourvoir à sa subsistance.

Nous estimons qu'à chacune des classes ci-dessus correspondent les diminutions de capacité de travail suivantes :

1re et 2e Classes............ :	100 pour cent ;	
3e et 4e Classes............. :	75	—
5e Classe.................... :	50	—
6e Classe.................... :	40	—

Aux six classes précitées, nous en ajouterons trois autres, savoir :

7e Classe. — Infirmités entraînant une invalidité sérieuse et diminuant la faculté de travail de 30 pour cent.

8e Classe. — Infirmités moindres correspondant à une diminution de capacité de travail de 20 pour cent.

9e classe. — Infirmités légères correspondant à une diminution de capacité de travail de 10 pour cent.

En résumé, aux 9 classes d'invalidité définies ci-dessus correspondent les *degrés de gravité* suivants :

1re et 2e Classes............ :	100 pour cent ;	
3e et 4e Classes............. :	75	—
5e Classe.................... :	50	—
6e Classe.................... :	40	—
7e Classe.................... :	30	—
8e Classe.................... :	20	—
9e Classe.................... :	10	—

Degré moyen de gravité des infirmités accidentelles

Pendant les dix dernières années, les accidents survenus dans le service et en dehors du service ont donné les résul-

---

(1) B. O. E. R., vol 66, p. 163.

tats suivants, en ce qui concerne les entrées à l'hôpital, les retraites et les réformes prononcées *dans la troupe.*

ANNÉES	ENTRÉES à l'Hôpital		RETRAITES		RÉFORMES N° 1		RÉFORMES N° 2 après l'incorporation		TOTAUX des retraites et réformes n° 1 et 2	
	Nombre	Proportion pour mille de l'effectif	Nombre	Proportion pour mille de l'effectif	Nombre	Proportion pour mille de l'effectif	Nombre	Proportion pour mille de l'effectif	Nombre	Proportion pour mille de l'effectif
1893	5.969	11,1	51	0,10	151	0,30	185	0,37	387	0,77
1894	5.533	10,5	51	0,10	133	0,25	155	0,30	339	0,65
1895	5.657	10,8	51	0,10	146	0,28	353	0,67	550	1,05
1896	5.589	10,2	54	0,10	131	0,25	232	0,42	420	0,77
1897	5.740	10,2	50	0,09	139	0,25	197	0,35	386	0,69
1898	6.169	10,5	40	0,07	166	0,28	260	0,44	466	0,79
1899	6.658	11,4	38	0,07	165	0,28	337	0,58	540	0,93
1900	6.413	11,6	28	0,05	134	0,25	281	0,51	443	0,81
1901	6.961	13,1	37	0,07	142	0,27	264	0,49	443	0,83
1902	6.869	12,7	26	0,05	132	0,25	220	0,40	378	0,70
Moyennes	»	11,2	»	0,08	»	0,27	»	0,45	»	0,80

D'après le tableau qui précède, sur 100.000 hommes de troupe, 1.120 entrent à l'hôpital par suite d'accident grave, et parmi ces derniers, 8 sont retraités, 27 sont réformés n° 1 et 45 sont réformés n° 2.

Quand un accident survenu dans le service entraîne une diminution dans la faculté de travail de 10 à 30 pour cent, le militaire qui en a été la victime est réformé n° 1, avec ou sans gratification, selon le degré de son invalidité. Quand la diminution de la faculté de travail est de 40 pour cent et au-dessus, le militaire est retraité avec une pension plus ou moins élevée, toujours d'après le degré de son invalidité.

Donc, la proportion des retraites et des réformes n° 1 figurant dans le tableau ci-dessus va nous donner une idée suffisamment exacte de la répartition des invalidités provenant du service, selon leur degré de gravité.

Les retraites et les réformes n° 1 étant entre elles dans la proportion de 0,08/0,27, nous en concluons que pour 8 invalidités de plus de 40 pour cent, il en existe 27 de 30 pour cent et au-dessous. En admettant que la moyenne des premières soit de 50 pour cent, et celle des secondes de 25 pour cent, il s'ensuit que le degré de gravité des infirmités accidentelles, provenant du service et entraînant la réforme, est en moyenne de $[50 \times 8 + 25 \times 27] : [8 + 27] = 30$ pour cent.

Cette proportion de 30 pour cent, représentant le degré

moyen de gravité des infirmités permanentes, est la même que celle obtenue par les Compagnies françaises d'assurances contre les accidents.

Il en résulte, d'une part, que les accidents survenus aux militaires en dehors du service donneront aussi une invalidité moyenne de 30 pour cent, et, d'autre part, que *le degré moyen de gravité des infirmités accidentelles dans l'armée, qu'elles proviennent du service ou non, est de 30 pour cent.*

CHAPITRE IV

Projet de fonctionnement d'une Société mutuelle d'assurances contre les accidents dans l'armée. — *La Mutuelle-accidents de l'armée.*

But de l'Association proposée

L'association que nous nous proposons de constituer sous le nom de *Mutuelle-accidents de l'armée* a pour objet, au moyen d'une faible cotisation mensuelle versée par chacun de ses membres, de venir en aide à ceux d'entre eux qui viendraient à être réformés à la suite d'un accident survenu dans le service, ou en dehors du service, ou bien de venir en aide à leurs familles si l'accident était suivi de décès.

Les sommes ainsi mises à leur disposition ont pour but de compenser, dans une certaine mesure, soit la diminution de capacité de travail qui a motivé la réforme, soit la diminution survenue dans les ressources de la famille par suite de la disparition de son chef.

Conditions à remplir pour en faire partie

Tous les militaires servant dans l'armée française, à quelque titre que ce soit, sont admis à faire partie de l'association, sur leur simple demande.

Aucune visite médicale n'est exigée et aucun stage préparatoire n'est imposé.

Les réservistes et territoriaux peuvent également en faire partie pendant la durée de leurs périodes d'exercices.

Mode d'assurance à employer

Nous emploierons le même mode d'assurance que celui que nous avons préconisé dans la *Mutuelle-vie* et la

Mutuelle-infirmités, c'est-à-dire que le montant des cotisations recueillies dans le courant d'une année sera réparti entre les sociétaires qui auront été rayés des contrôles la même année, par suite d'accident, au prorata des parts souscrites.

Cette manière de procéder, qui oblige la Société à liquider ses comptes tous les ans, possède l'avantage de ne jamais la mettre en déficit et la dispense de payer aux bénéficiaires une série de pensions en nombre toujours croissant, de sorte que sa comptabilité est réduite au minimum.

Montant des cotisations mensuelles

Comme dans les *Mutuelles-vie et infirmités* et pour les mêmes raisons, chaque classe de sociétaires paiera une cotisation proportionnelle à son risque.

On aura également recours à une cotisation fixe, au lieu d'une cotisation variable.

Afin de simplifier la comptabilité, et vu l'extrême bon marché de la prime déterminée ci-après, on assurera à la fois le décès et l'infirmité permanente, attendu qu'un même accident peut donner l'une ou l'autre de ces éventualités.

La proportion pour mille de décès accidentels étant de :

0,52 pour les officiers,
0,43 pour la troupe,

il s'ensuit qu'une prime annuelle de 0 fr. 52 pour les uns et de 0 fr. 43 pour les autres est nécessaire et suffisante pour assurer un capital moyen de 1.000 francs en cas de décès.

La proportion pour mille des réformes accidentelles des officiers étant de 0,16 et le degré moyen de gravité de leurs infirmités, 50 pour cent [1], il en résulte qu'une prime annuelle de 0 fr. 16 assurera un capital de 1.000 francs pour une invalidité de 50 pour cent, c'est-à-dire que ce capital sera de 2.000 francs pour une invalidité totale de 100 pour cent.

Nous conserverons ce chiffre de 2.000 francs, comme montant du capital revenant à une part, en cas d'invalidité totale ; car nous estimons qu'un militaire devenu complètement infirme a besoin, pour lui et pour sa famille, d'une somme double de celle qui reviendrait à cette dernière, — c'est-à-dire 1.000 francs, — s'il était décédé des suites de l'accident.

La proportion pour mille des réformes de la troupe étant de 0,80, et le degré moyen de gravité des infirmités suivies de réforme, 30 pour cent, ainsi qu'on l'a vu plus haut, il en

---

(1) Nous avons adopté pour les officiers le degré moyen de gravité de 50 pour cent pour une infirmité entraînant la réforme, parce qu'un grand nombre d'entre eux, présentant des invalidités de 30 pour cent et au-dessous, continuent à servir dans l'armée active.

résulte qu'une prime annuelle de 0 fr. 80 assurera une somme de 1.000 francs pour une invalidité de 30 pour cent.

Le Capital que nous avons l'intention d'attribuer aux sociétaires victimes d'accident devant être proportionnel au degré de gravité de leurs infirmités, il s'ensuit que, pour assurer une somme de 2.000 francs en cas d'invalidité totale, il suffira à un homme de troupe de payer une prime de $0{,}80 \times 30 \times 2.000 : 100 \times 1.000 = 0$ fr. 48.

En conséquence, une prime annuelle de :

0 fr. 52 + 0 fr. 16 = 0 fr. 68 pour les officiers ;
0 fr. 43 + 0 fr. 48 = 0 fr. 91 pour la troupe ;

est nécessaire et suffisante pour assurer une somme de 1.000 francs en cas de décès et de 2.000 francs en cas d'invalidité totale.

Par suite, en y comprenant la majoration de 3 pour cent pour impôts et frais d'administration, la cotisation mensuelle, pour une part, sera de :

$0{,}68 \times 1{,}03 : 12 = 0$ fr. 06 pour les officiers ;
$0{,}91 \times 1{,}03 : 12 = 0$ fr. 08 pour la troupe.

Les cotisations des réservistes et des territoriaux seront respectivement de 0fr.08 et de 0fr.04 pour chacune de leurs périodes d'exercices de quatre semaines ou de deux semaines.

Les officiers et hommes de troupe d'Algérie-Tunisie stationnés dans la région du Tell ou dans celle des Hauts-Plateaux, — au nord de la Zone saharienne qui donne droit au bénéfice de la campagne double, — paieront les mêmes primes que ci-dessus.

En dehors des limites de l'Europe entière et de la partie de l'Afrique septentrionale située au nord de la Zone précitée, la cotisation mensuelle de tous les militaires sera portée uniformément à 0 fr. 35 par part (1).

Il en sera de même pour les militaires de tous grades faisant partie :

1° Des Prisons et Etablissements pénitentiaires ;

2° Des Corps ci-après qui présentent une mortalité exceptionnelle de 15 à 18 pour mille : Régiments étrangers, Bataillons d'Infanterie légère d'Afrique, Compagnies de pionniers et de fusiliers de discipline.

Après deux ans de fonctionnement de la Société, les taux des primes ci-dessus pourront être modifiés, si la répartition présentait un écart de plus de 20 pour cent par rapport à la moyenne.

Enfin, après cinq années de fonctionnement, les taux

(1) La cotisation de la troupe dans la *Mutuelle-accidents* étant les 0,08/0,31 de celle de la *Mutuelle-vie*, cette cotisation de 0 fr. 35 a été obtenue en prenant les 8/31 de la cotisation coloniale de la *Mutuelle-vie*, qui est de 1 fr. 43.

seront calculés chaque année, pour l'année suivante, d'après les résultats obtenus pendant les cinq années précédentes.

Cotisations fixes

Afin de permettre la constitution d'un Fonds de réserve, chaque adhérent sera astreint au versement d'une cotisation fixe une fois payée de 0 fr. 50 par part souscrite. Cette cotisation fixe est acquise à la Société et, par suite, ne sera pas remboursée. Elle n'est pas exigée des réservistes ni des territoriaux.

Capital probable assuré en cas de décès ou de réforme

Les cotisations mensuelles ci-dessus de 0 fr. 06 et 0 fr. 08 assureront à tout militaire le capital moyen ci-après :

1° en cas de décès			1.000 fr.
2° en cas de réforme..	degré de gravité,	100 :..	2.000 »
	id.	75 :..	1.500 »
	id.	50 :..	1.000 »
	id.	40 :..	800 »
	id.	30 :..	600 »
	id.	20 :..	400 »
	id.	10 :..	200 »

D'après ce qui précède, les décès doivent entrer dans la répartition au même titre que les réformes, mais avec le coefficient de gravité 50.

Pendant les cinq dernières années, les répartitions auraient été les suivantes, en supposant que le total des parts des officiers fût en nombre sensiblement égal à celui des parts de la troupe :

		Cas de décès(1)	Cas de réforme(1) Invalidité totale
en 1898,	$\frac{720+960}{(0,31+0,27)+(0,10+0,79\times 0,6)}=\frac{1680}{1,43}=$	1.115 fr. ;	2.230 fr.
en 1899,	$\frac{720+960}{(0,92+0,17)+(0,31+0,93\times 0,6)}=\frac{1680}{1,99}=$	845 ;	1.690
en 1900,	$\frac{720+960}{(0,37+0,22)+(0,16+0,81\times 0,6)}=\frac{1680}{1,54}=$	1.090 ;	2.180
en 1901,	$\frac{720+960}{(0,73+0,17)+(0,19+0,83\times 0,6)}=\frac{1680}{1,89}=$	890 ;	1.780
en 1902,	$\frac{720+960}{(0,16+0,13)+(0,38+0,70\times 0,6)}=\frac{1680}{1,39}=$	1.205 ;	2.410

Après cinq ans de fonctionnement de la Société, c'est-à-dire une fois que les taux des primes auront été définitivement établis d'après l'expérience, il serait possible de servir un capital fixe de 1.000 francs par part en cas de décès, ou

(1) Les calculs ci-dessus s'appliquent à 1.000 officiers et à 1.000 hommes de troupe ayant souscrit chacun une part.

de 2.000 francs en cas d'invalidité totale, en prélevant sur le fonds de réserve ou en lui restituant alternativement les sommes nécessaires pour ramener le montant de chaque part à 1.000 francs ou 2.000 francs, selon le cas.

Enfin, si des subventions, dons et legs étaient attribués à notre Société Mutuelle, leur montant pourrait être réparti, à raison de 1/10 par an, non pas au prorata des parts souscrites par les bénéficiaires, mais à celui du nombre de têtes entrant dans la composition de leur famille.

Nombre maximum de parts pouvant être souscrites

Comme dans la *Mutuelle-vie* et pour les mêmes raisons, nous fixerons à 10 parts par tête entrant dans la composition de sa famille le maximum de la souscription de chaque adhérent [1]. Ces 10 parts correspondent à un capital d'environ 10.000 francs en cas de décès, ou de 20.000 francs en cas d'invalidité totale.

Les militaires de tous grades ne servant pas au titre français dans les Régiments étrangers ou les Troupes indigènes d'Algérie-Tunisie, les disciplinaires et condamnés pendant la durée de leur peine, ne pourront bénéficier que d'une seule part par tête au lieu de dix.

Par suite, les adhésions sont admises avec les mêmes restrictions que celles de la *Mutuelle-vie*.

Risques exclus

Sont exclus de l'assurance :

1° Les accidents non constatés par certificat d'origine dans les trois mois de leur date ;

2° Les accidents constatés par certificat d'origine pour lesquels il n'a pas été produit le 1er jour de chacun des trimestres suivants un certificat de non guérison de moins de 15 jours de date ;

3° Les décès survenus soit plus d'un an après la date de l'accident, soit après la mise en réforme ;

4° Les décès provenant de suicide ou de condamnation judiciaire ;

5° Les réformes prononcées plus de deux ans après la date de l'accident ;

6° Les infirmités provenant de tentative de suicide ou de mutilation volontaire.

Néanmoins, le Conseil d'Administration pourra admettre à l'assurance partie des risques exclus sous les §§ 1°, 2°, 3° et 5°, jusqu'à concurrence de 10 pour cent du total des risques assurés.

---

(1) Après plusieurs années de fonctionnement de la Société, il sera loisible d'examiner si ce maximum ne pourrait pas être augmenté sans inconvénient.

Fonds de réserve

Il est constitué pour le temps de guerre un *Fonds de réserve* permettant de distribuer des secours aux sociétaires de l'armée active ainsi qu'aux réservistes ou territoriaux, anciens sociétaires, qui seraient devenus infirmes pendant la campagne par suite de blessure ou d'accident.

Les familles de ceux qui viendraient à être tués participeront également à la répartition.

Ce fonds sera alimenté par les ressources suivantes :

1° Cotisations fixes de 0 fr. 50 par part recueillies depuis la fondation de l'Association ;

2° Intérêts des cotisations ordinaires perçues dans le courant de chaque année ;

3° Capitaux non réclamés par les ayants-droit dans le délai de 5 ans ;

4° Dons, legs et subventions restant à distribuer au 1er jour de la mobilisation ;

5° Intérêts composés des sommes ci-dessus.

Cas de mobilisation générale

Au 1er jour de la mobilisation, les versements mensuels cessent, et les sommes recueillies entre le premier jour de l'année et cette date sont réparties entre les bénéficiaires au prorata de leurs parts et du degré de gravité de l'invalidité.

Dès le 1er jour du mois qui suit celui de la signature de la paix, l'association reprend son fonctionnement normal.

Administration

La Société sera administrée de la même manière que la *Mutuelle-vie*.

Afin de simplifier les écritures, il ne sera pas établi de livrets-polices pour les réservistes et les territoriaux devenus sociétaires pendant la durée de leur période d'exercices. Mais le 2e jour de leur arrivée au corps, le Trésorier enverra au Conseil d'Administration central les noms des nouveaux sociétaires avec le nombre de parts souscrites par chacun d'eux. Il y joindra le mandat sur le Trésor représentant le montant des cotisations recueillies.

L'année d'assurance commencera toujours le 1er janvier pour se terminer le 31 décembre.

La répartition du montant global des cotisations de l'année aura lieu le 10 août de l'année suivante et un acompte de cent francs par part sera mis à la disposition des bénéficiaires dans le courant du mois qui suivra leur radiation des contrôles de l'activité soit par suite de décès, soit par suite de réforme, sur la production des pièces suivantes :

A. - Cas de décès..	1° Acte de décès de l'assuré ; 2° Copie du certificat d'origine d'accident ; 3° Certificat médical constatant que le décès a été causé par l'accident et qu'il n'est pas dû à un suicide ni à une condamnation judiciaire.
B. - Cas de réforme	1° Copie conforme de la Décision Ministérielle qui a prononcé la mise à la retraite ou la réforme n° 1, ou, selon le cas, Extrait du Procès-verbal de la Commission qui aura prononcé la réforme n° 2 ; 2° Copie du certificat d'origine d'accident ; 3° Certificat délivré par la Commission de réforme indiquant le degré de gravité de l'infirmité et mentionnant que cette infirmité ne provient pas de tentative de suicide ou de mutilation volontaire.

Ces pièces sont remises aux Trésoriers ou aux Sous-Intendants, contre récépissé.

Les sociétaires réformés ou les ayants-droit des sociétaires décédés devront remettre, également contre récépissé, soit au Trésorier, soit au Sous-Intendant militaire, selon le cas, dans les trois mois qui suivront la réforme ou le décès, et au plus tard le 1er août de l'année suivante :

1° Un état des services de l'assuré ;

2° Un certificat du maire donnant la composition de la famille au jour de la radiation des contrôles, et indiquant la date de naissance de chacun des enfants.

Après le 1er août, aucune production nouvelle de pièces ne sera admise, et la répartition sera faite en ne tenant compte que des documents reçus avant cette date.

Dispositions transitoires

Les mêmes que pour la *Mutuelle-vie de l'armée*.

Statuts

Les statuts seront ceux de la *Mutuelle-vie de l'armée*, modifiés toutefois d'après les données du présent chapitre.

IVe PARTIE

Des Secours Mutuels dans l'Armée

CHAPITRE Ier

Organisation et fonctionnement des Sociétés de Secours Mutuels en France

But de ces Sociétés

Les Sociétés de Secours Mutuels en France sont des associations de prévoyance régies par la *Loi du 1er avril 1898*. Elles se proposent d'atteindre un ou plusieurs des buts suivants, définis par l'article 1er de ladite Loi :

1° Assurer aux membres participants et à leurs familles des secours en cas de maladie, blessures ou infirmités ;
2° Leur constituer des pensions de retraite ;
3° Contracter à leur profit des assurances individuelles ou collectives en cas de vie, de décès ou d'accidents ;
4° Pourvoir aux frais des funérailles ;
5° Allouer des secours aux ascendants, veufs, veuves ou orphelins des membres participants décédés ;
6° Créer des cours professionnels ;
7° Créer des offices gratuits de placement ;
8° Accorder des allocations en cas de chômage.

Dispositions communes

Les Sociétés de secours mutuels se composent de membres participants et de membres honoraires. Ces derniers, tout en payant la cotisation fixée, ne peuvent prendre part aux bénéfices attribués aux membres participants. Les femmes sont admises à faire partie de ces Sociétés (art. 3).

L'administration et la direction des Sociétés de secours mutuels ne peuvent être confiées qu'à des Français majeurs, de l'un ou l'autre sexe, non déchus de leurs droits civils ou civiques. Les membres du Conseil d'administration et du bureau sont nommés par le vote, au bulletin secret (art. 3).

Un mois avant le fonctionnement d'une Société de secours mutuels, ses fondateurs doivent déposer, contre récépissé, à la sous-préfecture de l'arrondissement où elle a son siège social, les statuts de ladite association et la liste des noms et adresses de toutes les personnes qui seront chargées, à l'origine, de l'administration ou de la direction (art. 4).

Les statuts déterminent : 1° Le siège social ; 2° Les conditions d'admission et d'exclusion ; 3° La composition du bureau et du conseil d'administration ; 4° Les obligations et avantages des membres participants ; 5° Le montant et l'emploi des cotisations, les modes de placement et de retrait de fonds; 6° Les conditions de la dissolution volontaire de la Société; 7° Les bases de la liquidation à intervenir si cette liquidation a lieu; 8° Le mode de conservation des documents intéressant la Société; 9° Le mode de constitution des retraites non garanties; 10° L'organisation des retraites garanties; 11° Les prélèvements à opérer sur les cotisations pour le service spécial des retraites (art. 5).

Les contestations sur la validité des opérations concernant l'élection des membres du bureau et du conseil d'administration sont de la compétence du juge de paix qui, saisi par simple déclaration au greffe, statue dans les quinze jours de la déclaration, sans frais, et sur simple avertissement donné aux parties trois jours à l'avance (art. 6).

Dans les trois premiers mois de chaque année, les Sociétés de secours mutuels doivent adresser, par l'intermédiaire des préfets, au Ministre de l'Intérieur, la statistique de leur effectif, du nombre et de la nature des cas de maladie de leurs membres (art. 7).

Il peut être établi des Unions entre les Sociétés de secours mutuels, tout en conservant à chacune d'elles son autonomie (art. 8).

Ces Sociétés sont admises à contracter des assurances soit en cas de décès, soit en cas d'accident (art. 9).

Les secours, pensions, contrats d'assurance, livrets, etc., sont incessibles et insaisissables jusqu'à concurrence de 360 francs pour les rentes et de 3.000 francs pour les capitaux assurés (art. 12).

Les Sociétés de secours mutuels se divisent en trois catégories : 1° Les Sociétés libres; 2° Les Sociétés approuvées; 3° Les Sociétés reconnues comme établissements d'utilité publique (art. 14).

Des Sociétés libres

Les Sociétés libres peuvent recevoir et employer les sommes provenant des cotisations des membres participants, et généralement faire des actes de simple administration; elles peuvent, avec l'autorisation du préfet, recevoir des dons et legs mobiliers. Elles ne peuvent acquérir des immeubles sous quelque forme que ce soit, à peine de nullité, sauf ceux exclusivement affectés à leurs services. Elles ne peuvent également, à peine de nullité, recevoir des dons et legs immobiliers qu'à la charge de les aliéner et d'obtenir l'autorisation préfectorale (art. 15).

Des Sociétés approuvées

Les Sociétés qui auront fait approuver leurs statuts par arrêtés ministériels auront tous les droits accordés aux Sociétés libres et en outre les suivants (art. 16):

Elles pourront, sous réserve de l'autorisation du Consei

d'Etat, recevoir des dons et legs immobiliers et acquérir les immeubles nécessaires à leurs services d'administration ou à leur service d'hospitalisation (art. 17).

Les communes sont tenues de fournir aux Sociétés approuvées qui le demandent les locaux nécessaires à leurs réunions, ainsi que les livrets et registres de comptabilité (art. 18).

Tous les actes intéressant les Sociétés approuvées sont exempts des droits de timbre et d'enregistrement et aussi des droits de timbre de quittance (art. 19).

Les placements de ces Sociétés doivent être effectués soit en dépôts aux caisses de l'Etat, soit en rentes, soit en valeurs garanties par l'Etat, soit en immeubles jusqu'à concurrence des trois quarts de leur avoir (art. 20).

Elles sont admises à verser des capitaux à la Caisse des dépôts et consignations portant intérêt à 4 1/2 pour cent.

La différence entre ce taux et celui de la Caisse nationale des retraites pour la vieillesse est versée, à titre de bonification, à chaque Société approuvée ou reconnue d'utilité publique, au moyen d'un crédit inscrit chaque année au budget du Ministère de l'Intérieur (art. 21).

Les pensions de retraites peuvent être constituées soit sur le fonds commun, soit sur le livret individuel de chaque intéressé (art. 22).

Pour bénéficier des retraites provenant du fonds commun, les membres participants doivent être âgés d'au moins 50 ans et avoir acquitté la cotisation sociale pendant 15 ans au moins (art. 23).

Les pensions de retraite, constituées par le livret individuel à l'aide de la Caisse nationale des retraites ou d'une Caisse autonome, sont formées, en conformité des statuts, au moyen de versements effectués par la Société au compte de chacun de ses membres participants (art. 24).

En dehors des retraites garanties et non garanties ci-dessus, les Sociétés peuvent accorder à leurs membres des allocations, non pas viagères, mais annuelles, prises sur les ressources disponibles (art. 25).

Les Sociétés de secours mutuels qui accordent à leurs membres des indemnités supérieures à 5 francs par jour, des allocations annuelles ou des pensions supérieures à 360 francs et des capitaux en cas de vie ou de décès supérieurs à 3,000 francs, ne participent pas aux subventions de l'Etat et ne bénéficient pas de la bonification élevant le taux de l'intérêt à 4 1/2 pour cent, ni des avantages accordés sous forme de remise de droits d'enregistrement et de frais de justice. Les sociétaires qui s'affilieront à plusieurs Sociétés, en vue de se constituer une pension supérieure à 360 fr., ou des capitaux en cas de vie ou de décès supérieurs à 3,000 fr., seront exclus des Sociétés de secours mutuels dont ils font partie, sous peine, pour la Société, de perdre les avantages accordés par la Loi (art. 28).

Dans les trois premiers mois de chaque année, les Sociétés de secours mutuels approuvées doivent adresser au Ministre de l'Intérieur, par l'intermédiaire des préfets, le compte-rendu de leur situation morale et financière (art. 29).

Dans le cas d'inexécution des statuts ou de violation des dispositions de la Loi, l'approbation peut être retirée par décret (art.

Lorsque la dissolution d'une Société approuvée est votée par l'assemblée générale ou ordonnée par le Tribunal, la liquidation est poursuivie sous la surveillance du préfet ou de son délégué (art. 31).

Des Sociétés reconnues comme établissements d'utilité publique

Les Sociétés de secours mutuels et les Unions sont reconnues comme établissements d'utilité publique par décret rendu dans la forme des règlements d'administration publique (art. 32).

Ces Sociétés jouissent des avantages accordés aux Sociétés approuvées. Elles peuvent, en outre, posséder et acquérir, vendre et échanger des immeubles, dans les conditions déterminées par le décret déclarant l'utilité publique.

Résultats obtenus

D'après un rapport du Ministre de l'Intérieur, il existait, en 1901, 1.994.203 membres participants de Sociétés de secours mutuels (1).

La même année, le chiffre des recettes de ces Sociétés s'est élevé à 39.277.378 fr. 99, c'est-à-dire en moyenne à 19 fr. 70 par tête, se décomposant approximativement comme suit : 1° Cotisation personnelle, 12 francs; 2° Versements des membres honoraires, 1 fr. 40; 3° Intérêts des fonds placés, 3 fr. 25 (2); 4° Dons et legs, 1 fr. 05; 5° Subventions de l'État, des départements et des communes, 2 francs.

Le chiffre des dépenses, dont la majeure partie incombe aux frais de maladie, a été de 30.280.850 fr. 95, soit 15 fr. 20 par tête, se répartissant comme suit : 1° Frais médicaux, pharmaceutiques et indemnités journalières, 9 fr. 65; 2° Retraites, 3 fr. 90; 3° Frais funéraires, 0 fr. 60; 4° Assurances en cas de décès, 0 fr. 05; 5° Secours divers, 1 franc.

On n'a donc pu verser, en 1901, que 4 fr. 50 par tête (3) aux fonds de réserve et de retraite.

De sorte que les Sociétés de secours mutuels, telles

---

(1) Ce nombre était de 2.803.058 en 1902.

(2) L'avoir social actuel des mutualistes est en moyenne de 140 francs par tête de participant.

(3) 4 fr. 50 = 19 fr. 70 — 15 fr. 20.

qu'elles fonctionnent actuellement, ne sont que des associations de prévoyance ayant principalement pour but de couvrir les frais médicaux et pharmaceutiques causés par la maladie de leurs adhérents.

Elles paraissent laisser au second rang la question des retraites. En effet, bien qu'elles existent depuis longtemps en France, elles n'arrivent actuellement à servir que des pensions de retraite de 100 francs en moyenne à 110 000 mutualistes [1], c'est-à-dire à une proportion assez faible de leur effectif, 55 pour mille seulement, et encore l'âge moyen de leurs pensionnés est-il supérieur à 65 ans !

Sans tenir compte du peu d'empressement que mettent des gens habitués à vivre au jour le jour à s'assurer des avantages pécuniaires à une échéance très éloignée, nous sommes d'avis que la raison principale qui fait laisser au second rang la question des retraites est la cherté relative des cotisations nécessaires pour arriver à obtenir une rente viagère appréciable à l'âge de 60 ans.

D'après les tables Ramé spéciales aux Sociétés de secours mutuels, où les pensions sont calculées avec un taux d'intérêt égal à 4 1/2 pour cent, il faut verser depuis l'âge de 20 ans jusqu'à celui de 60, c'est-à-dire pendant 40 ans, une cotisation annuelle de 22 fr. 80 pour avoir droit à une pension de 360 francs à 60 ans.

Les mutualistes trouvent que c'est déjà beaucoup de verser en moyenne 12 francs par an. Et encore cette cotisation est-elle à peine suffisante dans certaines Sociétés pour faire face aux frais de maladie, car, sans l'appoint provenant des cotisations des membres honoraires et des subventions de l'État, on n'arriverait pas à équilibrer les dépenses de cette nature avec les cotisations des membres participants seuls. Si on demandait à ces derniers encore 22 fr. 80 de plus par an pendant 40 ans pour leur assurer 360 francs de rente viagère à 60 ans, on se heurterait probablement à un refus de la part de la majorité d'entre eux, sous prétexte qu'ils ne possèdent pas les moyens de faire face à une cotisation supplémentaire aussi élevée.

Cependant, s'ils n'étaient pas mutualistes, l'État ou plus exactement la Caisse nationale des retraites pour la vieillesse, leur demanderait annuellement non pas 22 fr. 80, mais 31 francs pour leur assurer ces 360 francs de rente viagère à 60 ans, attendu que le taux d'intérêt ne serait alors que de 3 1/2 pour cent au lieu de 4 1/2.

La différence entre ces deux cotisations, soit 8 fr. 20, est donc un don annuel gracieux que leur fait l'État pendant 40 ans, don obligatoire en vertu de l'art. 21 de la Loi du 1er avril 1898.

---

(1) En 1902, il existait 113.933 mutualistes retraités avec une pension moyenne de 87 francs.

Si tous les Français de l'un et de l'autre sexe, âgés de 20 à 60 ans, au nombre de 19 millions, étaient mutualistes, ce qui serait l'idéal rêvé pour arriver à supprimer la misère humaine dans la plus large mesure possible, l'Etat se trouverait dans l'obligation d'inscrire à son budget un crédit spécial annuel de 8,20×19 = 156 millions de francs.

Ce crédit n'a rien d'exagéré, et même l'Etat arriverait encore à y trouver du bénéfice, attendu que le budget de l'Assistance publique, actuellement de 200 millions, se trouverait réduit de plus de moitié, *ipso facto*.

En 1901, le crédit spécial annuel concernant la bonification d'intérêt ne s'élevait qu'à 286.131 fr. 48. A cette somme sont venues s'ajouter diverses dotations et subventions s'élevant à environ 4 millions de francs.

L'importance de ces subventions annuelles, dépassant 2 francs par tête de mutualiste, n'échappera à personne ; elle démontre que les pouvoirs publics favorisent dans une large mesure, et avec juste raison, le développement de la Mutualité.

En résumé, il y a encore beaucoup à faire pour amener nos concitoyens à se constituer eux-mêmes une pension de retraite appréciable à l'âge de 60 ans et réagir en même temps contre la tendance qu'ils ont tous à vouloir se faire assurer gratuitement ces retraites par l'Etat seul, dont ils croient les ressources inépuisables.

Propositions au sujet d'un nouveau mode de fonctionnement des Sociétés de Secours Mutuels en France

Chaque Société de secours mutuels fait payer une cotisation unique, mais variable avec le nombre de buts qu'elle poursuit.

C'est pourquoi il est difficile, sinon impossible, à un citoyen désireux d'adhérer à une de ces Sociétés de trouver dans sa résidence celle qui lui conviendrait le mieux.

Avec une modeste cotisation mensuelle de 1 franc, on lui promet la gratuité des soins médicaux pour lui et pour sa famille, des frais de funérailles, une pension de retraite, un secours à sa veuve ou à ses orphelins, des allocations en cas de maladie ou de chômage, etc., etc., mais il est hors de doute que ces obligations sont trop nombreuses pour que la Société puisse y faire face avec des ressources aussi faibles.

Aussi, nous émettons l'avis qu'il y aurait lieu d'examiner la question suivante :

Créer une **Société générale de Secours Mutuels** *en France* [1], *dont le siège serait à Paris, avec une* **Section** *dans chaque commune, et diviser cette Mutuelle en autant de branches qu'il y a de buts à atteindre.*

De cette manière, chaque mutualiste choisirait les buts qui lui conviendraient le mieux, aucun d'eux ne lui serait imposé.

Ces branches pourraient être les suivantes :

1° { *a)* Soins médicaux et pharmaceutiques ;
  b) Secours en cas de maladie ;
2° Retraites ;
3° { *a)* Assurances en cas de vie ;
  b) Assurances en cas de décès ;
  c) Assurances contre les accidents ;
4° Frais de funérailles ;
5° Secours aux ascendants, veuves et orphelins, en cas de décès ;
6° Cours professionnels ;
7° Offices gratuits de placement ;
8° Allocations en cas de chômage.

En ce qui concerne la première branche qui est la plus en faveur aujourd'hui, une cotisation mensuelle de 0 fr. 90 par membre adulte et de 0 fr. 45 par enfant parait suffisante pour faire face aux dépenses nécessitées par les *soins médicaux et pharmaceutiques.*[2]

De même une cotisation mensuelle de 0 fr. 60 par adulte et de 0 fr. 15 par enfant est également nécessaire pour permettre l'allocation d'un *secours pécuniaire journalier* de 1 fr. 00 au premier et de 0 fr. 50 au second en cas de maladie[3], la moyenne annuelle des journées de maladie des mutualistes étant de 7 pour les adultes et de 3,5 pour les enfants, d'après certaines statistiques.

La 2e branche, concernant les *retraites*, existe déjà sous le nom de Caisse nationale des retraites pour la vieillesse. Il n'y aurait donc rien à innover, si ce n'est de doter cette Caisse d'un tarif de retraites en faveur des mutualistes au taux de 4 1/2 pour cent au lieu de 3 1/2 pour cent.

D'après ce tarif, une cotisation mensuelle de 0 fr. 74, versée depuis l'âge de 3 ans jusqu'à celui de 60 ans, permet d'obtenir la retraite maxima de 360 francs à ce dernier âge. Dans le cas où les versements ne seraient commencés qu'à 20 ans d'âge, la cotisation mensuelle serait de 1 fr. 90 pour obtenir le même résultat.

---

(1) Ou tout au moins créer une *Société centrale* dans chaque département avec une *Section* dans chaque commune.

(2) Les mutualistes ne dépensant que 0 fr. 63 en moyenne par tête et par an pour frais médicaux et pharmaceutiques et indemnités journalières, les cotisations mensuelles de 0 fr. 90 pour les soins médicaux et pharmaceutiques et de 0 fr. 60 pour indemnité journalière de 1 franc, paraissent plus que suffisantes pour faire face à cette catégorie de dépenses.

(3) Chaque mutualiste verserait autant de fois 0 fr. 60 qu'il désire recevoir de francs par jour en cas de maladie, sans toutefois dépasser le maximum de 5 fr. d'indemnité journalière fixé par l'art. 28 de la Loi.

La 3e branche, — *assurances en cas de vie, de décès ou d'accidents*, — existe aussi à la Caisse des dépôts et consignations. Là, il n'y a rien non plus à innover, si ce n'est qu'il faudra tenir compte aux mutualistes du taux d'intérêt de 4 1/2, prévu par la Loi.

De sorte que, pour garantir un capital de 200 francs au décès d'une personne devenue mutualiste à l'âge de 20 ans, il suffira à cette dernière de payer une cotisation de 0 fr. 25 par mois (1).

La 4e branche, concernant les *frais de funérailles*, permettrait l'allocation d'une somme de 40 francs pour cette éventualité, moyennant le paiement d'une cotisation de 0 fr. 05 par mois (2).

La 5e branche, relative aux *secours à accorder aux ascendants, veuves ou orphelins*, permettrait aussi l'allocation d'une somme de 100 francs au décès d'une personne devenue mutualiste à 20 ans, moyennant une cotisation mensuelle de 0 fr. 12 (3).

La 6e branche, — *cours professionnels*, — ne nécessitera qu'une faible dépense, peut-être 0 fr. 05 par mois.

La 7e branche, — *offices gratuits de placement*, — pourra ne revenir également qu'à 0 fr. 05 par mois.

Enfin, la 8e branche, — *allocations en cas de chômage*, — nécessitera une cotisation variable avec la durée de ce chômage. Elle sera de 1 fr. 25 par mois pour une allocation de 1 franc par journée de chômage, en supposant que ce dernier dure en moyenne 15 jours par tête et par an.

Le Conseil d'administration central pourra toujours, à l'aide des renseignements statistiques fournis par les Conseils d'administration communaux, établir les taux des cotisations pour chaque branche de mutualité.

Il lui sera facile de créer d'emblée des pharmacies cantonales, puisqu'il réalise à lui seul le type parfait des *Unions de Sociétés de Secours Mutuels* prévues par l'art. 8 de la Loi du 1er avril 1898.

Enfin, il sera à même d'obtenir du corps médical de France tout entier, dont le dévouement est bien connu, que ses membres donnent leurs soins aux mutualistes à raison d'une somme fixe par tête et par an, c'est-à-dire à l'abonnement.

La question du règlement des pensions viagères de retraite des membres participants ayant changé de domicile et celle de leur réadmission dans la Section communale

---

(1) D'après l'art. 28 de la Loi, le maximum du Capital garanti est de 3.000 francs en cas de décès.

(2) L'art. 18 de la Loi exonère les Sociétés approuvées qui supportent les frais funéraires de leurs membres décédés, des deux tiers des droits des convois dans les villes où ils sont frappés d'une taxe municipale.

(3) Le montant de la cotisation mensuelle est variable avec l'âge d'entrée du sociétaire et avec la quotité du secours à accorder.

de leur nouvelle résidence se résoudront sans aucune difficulté.

Les cotisations des membres honoraires seront affectées aux branches de mutualité choisies par eux ; seuls, les membres participants de la Section communale dont ils font partie sont appelés à en bénéficier.

A défaut d'indication contraire de leur part, la moitié des versements des membres honoraires servira au paiement des cotisations de la première branche — soins médicaux et pharmaceutiques — des enfants des participants âgés de moins de 16 ans, choisis d'abord dans les familles où le nombre de ceux-ci est le plus élevé,(1) tandis que la seconde moitié sera affectée à la deuxième branche, concernant les retraites.(2)

Le montant des dons, legs et subventions sera affecté aux branches désignées par les donateurs, sinon il sera réparti par moitié entre la branche-maladie et la branche-retraite.

D'après ce qui précède, un mutualiste âgé de 20 ans, marié, père d'un enfant, qui voudrait garantir :

a) Les frais de maladie le concernant ;
b) Une retraite de 180 francs à l'âge de 60 ans ;
c) Un capital de 200 francs à son décès ;
d) Une indemnité de 40 francs pour frais de funérailles ;
e) Un secours de 100 francs à sa veuve ;

aurait à payer une cotisation mensuelle de :

0 fr. 90 + 0 fr. 95 + 0 fr. 25 + 0 fr. 05 + 0 fr. 12 = 2 fr. 27.

Pour couvrir les frais de maladie de sa femme et de son enfant, il devra les affilier à la première branche et verser de ce fait une cotisation supplémentaire de 0 fr. 90 + 0 fr. 45, soit 1 fr. 35, qui pourrait être réduite si les versements des membres honoraires permettaient de le faire.

Bien que suffisantes pour remplir les divers buts que le mutualiste de 20 ans, visé ci-dessus, s'est proposé, ces cotisations sont relativement faibles si on les compare aux avantages considérables qu'elles sont à même de procurer.

Enfin, si nous faisons remarquer que la *Mutualité scolaire* n'a pas d'autres buts que ceux définis par les 1re, 2e et 4e branches précitées, et que la *Mutualité régimentaire* n'en a pas non plus d'autres que ceux compris dans les 2e, 3e et 5e branches, nous sommes en droit de conclure qu'il est possible d'englober ces deux mutualités particulières dans la *Mutualité générale* que nous venons de décrire dans ses grandes lignes.

---

(1) Ou encore à réduire dans une certaine proportion les cotisations de tous les enfants sociétaires.

(2) Son montant sera, selon le cas, ou ajouté au fonds commun ou réparti également entre tous les livrets de retraites des membres participants de la Section communale intéressée.

CHAPITRE II

Application dans l'Armée de la Loi du 1er Avril 1898 relative aux Sociétés de Secours Mutuels.

L'Armée pratique déjà en partie la mutualité sans le savoir

Nous avons vu, en tête du Chapitre précédent, que les Sociétés de Secours Mutuels étaient des associations de prévoyance se proposant d'atteindre un ou plusieurs des buts suivants que nous allons analyser séparément :

1°. — *Assurer aux membres participants et à leurs familles des secours en cas de maladie, blessures ou infirmités.*

Dans l'armée, tous les militaires reçoivent des soins médicaux gratuits, tant à domicile que dans les hôpitaux ; leurs familles reçoivent également ces soins dans les résidences où se trouve un médecin militaire. Si quelques familles habitaient une localité dépourvue de médecin militaire, elles n'auraient qu'à s'affilier à une Société locale de secours mutuels pour bénéficier de la gratuité.

2°. — *Leur constituer des pensions de retraite.*

Les pensions de retraite existent depuis longtemps dans l'armée. Les hommes de troupe ont droit à une retraite, soit à 15 ans, soit à 25 ans de services. Les officiers y ont droit également après 30 ans de services.

Le minimum de la pension du soldat étant de 360 francs à 15 ans de services, c'est-à dire à 35 ans d'âge, il ne paraît pas utile d'augmenter ce minimum, attendu que le maximum de la retraite servie par une Société de secours mutuels avec le taux spécial d'intérêt de 4 1/2 pour cent est justement de 360 francs à 50 ans d'âge.

La retenue de 5 pour cent opérée sur la solde des officiers peut-être considérée comme la cotisation mensuelle qu'ils versent pour s'assurer une pension de retraite à 30 ans de services.

Nous ne nous occuperons donc pas de la question de *l'augmentation de la pension de retraite* à l'aide d'une cotisation mensuelle — bien que cette question soit très en faveur auprès des mutualistes militaires — pour les deux raisons suivantes :

1° La Caisse nationale des retraites pour la vieillesse est tout indiquée aux militaires qui désirent faire des versements en vue d'améliorer leur retraite ; ils auraient même un grand avantage à avoir recours à cette Caisse, attendu que leur mortalité est inférieure à celle qui a servi de base à ses tarifs ;

2° Pour augmenter sa retraite de 360 francs, à 50 ans d'âge, il faudrait consentir à une retenue mensuelle de 8 fr. 80 sur sa solde pendant les 25 années précédentes (1). Cette cotisation, sans aucun doute, sera trouvée beaucoup trop élevée par la majorité des militaires.

3° *Contracter à leur profit des assurances individuelles ou collectives en cas de vie, de décès ou d'accident.*

Ces sortes d'assurances n'existent pas encore dans l'armée. Nous avons traité celles dont le besoin se fait sentir dans les Ire, IIe et IIIe Parties qui précèdent, et nous allons y revenir un peu plus loin.

4° *Pourvoir aux frais des funérailles.*

Les frais de funérailles des militaires sont à la charge de l'Etat. Les frais analogues des membres de leur famille peuvent être couverts en affiliant ces derniers à une Société locale de secours mutuels.

5° *Allouer des secours aux ascendants, veufs, veuves ou orphelins des membres participants décédés.*

Ces secours existent déjà depuis longtemps dans l'armée sous forme de pensions aux veuves ou orphelins de militaires décédés après plus de 25 ans de services, de secours permanents à ces mêmes veuves ou orphelins après 20 ans de services, et enfin de secours éventuels avant 20 ans de services.

6° *Créer des cours professionnels.*

Ces organisations existent également dans l'armée sous forme de conférences dans lesquelles les jeunes soldats reçoivent des enseignements dont ils peuvent tirer profit dans la vie civile.

7° *Créer des offices gratuits de placement.*

Assez nombreux sont les militaires qui ont pu obtenir, à leur sortie du régiment, des emplois chez les particuliers, grâce à l'intervention de leurs chefs. De sorte que l'installation de semblables services dans les corps de troupe n'a rien d'impossible.

8° *Accorder des allocations en cas de chômage.*

Le chômage n'existant pas dans l'armée, les prévisions du présent paragraphe ne sauraient concerner les militaires.

Nous voyons donc que sur les huit buts poursuivis par les Sociétés de Secours Mutuels, six sont déjà remplis plus

(1) D'après le Tableau n° 3, Tarif 3 1/2 0/0 C, R. de la Caisse nationale des retraites pour la vieillesse.

ou moins complètement dans l'armée, — ceux désignés sous les §§ 1°, 2°, 4°, 5°, 6° et 7°, — et un ne la concerne pas, — celui désigné sous le § 8°, — de sorte qu'il n'en resterait plus qu'un seul qui pourrait être introduit dans l'armée.

Ce but fait l'objet du chapitre suivant.

En ce qui concerne l'élection au scrutin secret des membres du bureau et du Conseil d'administration d'une Société de Secours Mutuels, nous ferons remarquer que cette disposition légale ne serait pas applicable dans l'armée pour les raisons suivantes :

1° Les règles de la discipline s'opposent à ce qu'il en soit ainsi ;

2° De nombreuses difficultés surgiraient dans l'accomplissement de cette formalité par suite de la dispersion des militaires sociétaires sur tout le territoire français ;

3° Un Conseil d'administration spécial dont les membres sont nommés par le Ministre est d'ailleurs prévu pour assurer le fonctionnement de la Société.

CHAPITRE III

Projet de fonctionnement d'une Société mutuelle de secours dans l'Armée. — La *Mutuelle-secours de l'Armée.*

But de la Société

L'association que nous proposons d'organiser sous le nom de *Mutuelle-secours de l'armée* a pour objet, au moyen d'une faible cotisation mensuelle versée par chacun de ses membres, de venir en aide à ceux d'entre eux qui viendraient à être réformés pour infirmités, ou bien à leurs familles, s'ils venaient à décéder.

Obligation d'en faire partie

Tous les militaires servant dans l'armée française, à quelque titre que ce soit, font *obligatoirement* partie de la Société, depuis le jour de leur arrivée au corps jusqu'à celui de leur radiation des contrôles de l'activité ou, au plus tard, jusqu'à ce qu'ils aient atteint 25 ans de services.

Bien que cette *obligation* paraisse à première vue une sorte de violation de la liberté individuelle, nous n'hésitons pas à la maintenir. En effet, si des raisons de camaraderie et de convenance personnelle ont motivé le Décret du

12 Juillet 1886[1], prescrivant une retenue obligatoire à exercer sur la solde des Officiers pour les Cercles et les Bibliothèques militaires[2], nous sommes convaincus que des raisons supérieures de *solidarité humaine* motiveront un second Décret prescrivant une nouvelle retenue en rapport avec la solde des militaires de tous grades.

Montant des cotisations mensuelles

La cotisation mensuelle sera proportionnelle au grade, c'est-à-dire à la solde de chaque militaire et, en outre, elle sera calculée d'après l'ensemble des décès et des réformes pour infirmités de l'armée entière.

Dans la Iʳᵉ Partie, nous avons vu que pendant les cinq dernières années, c'est-à-dire de 1898 à 1902, la mortalité moyenne de l'armée, — suicides compris, — avait été la suivante :

(4,98+5,13+5,73+5,37+4,80) : 5 = 5,26 pour mille ;

que la mortalité des officiers, sous-officiers et soldats de plus d'un an de service était inférieure à cette moyenne ; et que la mortalité des soldats de moins d'un an de service, seule, lui était supérieure. Par suite, une prime annuelle de 5 fr. 26 est plus que suffisante pour garantir 1.000 francs à chaque décès.

Dans la IIᵉ Partie, nous avons établi que, pendant les années 1901 et 1902, la proportion des réformes définitives pour infirmités des officiers était de 2,4 pour mille, tandis que celle des sous-officiers et des soldats comptant plus de 4 ans de services était de 2,9 pour mille.

Afin de ne pas faire usage d'un chiffre trop faible, nous adopterons pour ces trois catégories de militaires la proportion moyenne de 2,9 pour mille. Une prime annuelle de 2 fr. 90 leur suffira donc pour assurer 1.000 francs en cas de réforme.

Dans la IIIᵉ Partie, nous avons vu que la proportion des réformes définitives prononcées par suite d'accidents, de 1898 à 1902, avait été de :

(0,27+0,17+0,22+0,17+0,13) : 5 = 0,19 pour mille chez les officiers ;

(0,79+0,93+0,81+0,83+0,70) : 5 = 0,81 pour mille dans la troupe ;

et que les degrés moyens de gravité des infirmités qui avaient motivé la réforme étaient respectivement de 50 et de 30.

Par suite, la cotisation annuelle nécessaire et suffisante

(1) B. O. E. R. 75 vol. p. 252.
(2) Cette retenue s'élève jusqu'à 1 pour cent de la solde, soit 2 francs par mois pour les Lieutenants et Sous-Lieutenants, 3 francs pour les Capitaines, etc.

pour assurer 1.000 francs en cas de perte d'un memb [1] est de 0,19 pour chaque officier, et de $0{,}81 \times 30 : 50 = 0$ fr. 49 pour chaque sous-officier ou homme de troupe. Nous conserverons ce dernier chiffre pour toute l'armée.

Examinons maintenant quelle est la somme que l'on peut retenir sans inconvénient sur la solde des militaires de tous grades.

Un homme à pied a 5 centimes de poche par jour ; après deux ans de services[2], il aura droit à une haute paie d'au moins 0 fr. 10 ; et après 4 ans, de 0 fr. 15.

Un caporal a 23 centimes de poche par jour ; après deux ans, il jouira d'une haute paie de 0 fr. 15 ; et après quatre ans, de 0 fr. 20 au moins.

Un sergent non rengagé touche une solde de 0 fr. 95 par jour ; un sergent rengagé ou commissionné en touche une de 1 fr. 20 au moins, plus une haute-paie supérieure à 0 fr. 30.

De sorte que nous pouvons sans inconvénient retenir mensuellement sur la solde de chaque militaire pour remplir le but humanitaire que nous avons indiqué.

0 fr. 15[3]	au simple soldat	avant 2 ans de services ;	
0 20	id.	après 2 ans	id.
0 35	id.	après 4 ans	id.
0 30	au caporal	avant 2 ans	id.
0 35	id.	après 2 ans	id.
0 55	id.	après 4 ans	id.
0 60	au sous-officier	avant 2 ans	id.
0 90	id.	après 2 ans	id.
1 25	id.	après 4 ans	id.

1 90 à l'officier ou assimilé de moins de 25 ans de services[4], quel que soit son grade.

Montant des secours alloués

Examinons maintenant quelle est la quotité du secours qu'on peut accorder aux bénéficiaires en cas de décès ou en cas de réforme.

Des subventions étant allouées par l'Etat à tous les mutualistes à raison d'environ 2 fr. par tête et par an, nous demandons que les mutualistes militaires y participent également à raison de 1 fr. 80 par tête, ce qui correspond à une majoration de cotisation mensuelle de 0 fr. 15.

Vu l'élévation du taux de la prime, il n'est pas possible

---

(1) Degré de gravité : 50.

(2) La nouvelle Loi sur le recrutement de l'armée prévoit pour tous les militaires une haute paie après deux ans de services, une prime de rengagement après quatre ans, ainsi qu'une solde spéciale pour les sous-officiers à partir de la sixième année.

(3) Chaque soldat ayant droit à trois paquets de tabac par mois à raison de 0 fr. 15 chacun, on pourrait lui faire payer chaque paquet 0 fr. 20 au lieu de 0 fr. 15, de manière à l'amener à faire de la mutualité sans s'en douter.

(4) Après 25 ans de services, les militaires de tous grades cessent de faire partie de la Société. En cas de réforme pour infirmités, tous ont droit à une pension de retraite et, en cas de décès, leurs veuves ou orphelins ont également droit à pension.

de garantir la réforme pour infirmités aux caporaux et soldats de moins de 4 ans de services ; nous ne pouvons que leur garantir la réforme par suite d'accident.

De sorte que pour leur assurer 100 francs en cas de décès et 100 francs en cas de perte accidentelle d'un membre, la prime annuelle à leur faire payer est de 0 fr. 526 + 0 fr. 049 = 0 fr. 575 ; d'où une prime mensuelle de 0,575 : 12 = 0 fr. 048, ou, en chiffres ronds, 0 fr. 05.

Pour assurer 100 fr. en cas de décès et 100 francs en cas de réforme pour infirmités, la prime annuelle à payer est de 0 fr. 526 + 0 fr. 290 = 0 fr. 816 ; d'où une prime mensuelle de 0,816 : 12 = 0 fr. 068.

En définitive, les cotisations retenues obligatoirement sur la solde des militaires de tous grades permettent d'allouer à ces derniers, s'ils sont réformés, ou bien à leurs familles s'ils viennent à décéder sous les drapeaux, les secours suivants :

GRADES		CALCULS	MONTANT DES SECOURS		
			Cas de décès	Cas de réforme accidentelle (1) (degré de gravité : 50)	Cas de réforme pour infirmités (maladies et accidents)
Soldat.....	avant 2 ans de services......	100×[0,15+0,15] : 0,05	600fr	600 fr.	» fr.
	après 2 ans.....	100×[0,20+0,15] : 0,05	700	700	»
	après 4 ans.....	100×[0,35+0,15] : 0,068	700	»	700
Caporal ou Brigadier..	avant 2 ans.....	100×[0,30+0,15] : 0,05	900	900	»
	après 2 ans.....	100×[0,35+0,15] : 0,05	1.000	1.000	»
	après 4 ans.....	100×[0,55+0,15] : 0,068	1.000	»	1.000
Sous-officier ou assimilé.	avant 2 ans.....	100×[0,60+0,15] : 0,068	1.100	»	1.100
	après 2 ans.....	100×[0,90+0,15] : 0,068	1.500	»	1.500
	après 4 ans.....	100×[1,25+0,15] : 0,068	2.000	»	2.000
Officier ou assimilé............		100×[1,90+0,15] : 0,068	3.000	»	3.000

Ces secours, bien que variables d'une catégorie à l'autre, sont fixes pour chaque catégorie de militaires. Nous pouvons les attribuer aux bénéficiaires dès l'origine du fonctionnement de la Société, attendu que leur montant a été déterminé d'après des bases sérieuses, c'est-à-dire d'après les statistiques médicales de l'armée.

Nous obtiendrons même un rendement supérieur à celui que nous avons indiqué, puisque les officiers et les sous-officiers dont la mortalité est inférieure à la moyenne ont

(1) Une réforme accidentelle, avec degré de gravité : 20, donnera droit aux 20/50 des chiffres indiqués dans cette colonne.

une participation supérieure à celle des soldats ayant moins d'un an de service dont la mortalité dépasse cette moyenne.

De sorte que les excédents pourront servir à alimenter un Fonds de réserve.

Montant de la subvention annuelle de l'Etat

L'armée de terre, comprenant environ 600.000 hommes sur le pied de paix, aura besoin d'une subvention annuelle de 1,80 × 600.000 = 1.080.000 francs.

Cette subvention porterait les libéralités actuelles de l'Etat envers les mutualistes de 4 millions à 5 millions de francs.

Il semble bien que cette aide pécuniaire nouvelle soit due aux mutualistes de l'armée pour les raisons suivantes :

La nouvelle Loi du 21 mars 1905 sur le recrutement, dite Loi de deux ans, a supprimé toutes les dispenses qui existaient dans l'ancienne Loi en faveur des soutiens de famille et des frères de militaires morts en activité de service.

Elle a bien prévu en remplacement, et jusqu'à concurrence de 10 pour cent du contingent, une allocation de 0 fr. 75 par jour en faveur des familles nécessiteuses pendant la durée de la présence au corps de leurs soutiens, d'où un crédit spécial nécessaire de : 600.000 × 0.10 × 0.75 × 365 = 16 millions de francs ; mais elle a omis de prévoir un dédommagement quelconque en faveur des familles des militaires morts sous les drapeaux. Le plus grand désir de ces familles étant de faire revenir auprès d'elles les restes de leur fils, il serait humain et juste d'assurer ce transport gratuitement à l'avenir, d'autant plus que le frère puîné ne bénéficie plus de la dispense.

Ce n'est pas avec le mince crédit de 162.000 francs inscrit au budget de 1905 pour le transport des restes des militaires décédés que l'on pourra faire face à cette obligation, attendu que, dans l'armée, il se produit en moyenne 3.000 décès par an. Ce crédit ne permet que la distribution d'une allocation de 162.000 : 3.000 = 54 francs par famille, chiffre notoirement insuffisant.

En définitive, il semble qu'il y ait quelque chose à faire en faveur des familles qui ont eu la douleur de perdre un de leurs enfants sous les drapeaux.

La *Mutuelle-secours* apportera le remède nécessaire en pareille circonstance. La somme de 600 francs, qu'elle mettra à la disposition de la famille d'un militaire décédé avant deux ans de services, constituera pour elle une aide pécuniaire appréciable. Cette famille aura alors en mains, sans rien demander à personne, des ressources plus que suffisantes pour assurer le rapatriement de son enfant décédé.

Nous allons essayer d'indiquer comment on pourrait trouver les crédits nécessaires pour constituer la subvention de 1.080.000 francs, que nous demandons pour notre *Mutuelle-secours*.

Cette Société distribuant des sommes assez importantes aux militaires réformés pour infirmités ainsi qu'aux familles des militaires décédés en activité, le crédit inscrit au chapitre du budget des secours du Ministère de la Guerre s'élevant en 1905 à plus de 2 millions de francs pourrait subir de ce fait, par suite de double emploi partiel, une réduction d'un quart, soit 500.000 francs. Ces 500.000 francs, ajoutés aux 162.000 francs prévus pour le transport des restes des militaires décédés, nous donneront 662.000 francs.

Il ne nous reste donc plus à trouver que :

1.080.000 — 662.000 = 418.000 francs.

On pourrait demander, semble-t-il, ces 418.000 francs aux 36.000 communes de France, à raison de 12 francs par mille habitants, attendu qu'elles sont nombreuses celles qui refusent de participer aux frais de transport dont il a été question ci-dessus, sous prétexte que leurs ressources sont insuffisantes.

Cas de suicide, de tentative de suicide et de mutilation volontaire

En cas de suicide, les secours alloués aux veuves et orphelins seront réduits de moitié.

En cas de réforme par suite de tentative de suicide ou de mutilation volontaire, aucun secours ne sera alloué.

Fonds de réserve

Afin de permettre le fonctionnement immédiat de la *Mutuelle-secours*, il y a lieu de la doter d'un *Fonds de réserve*.

Ce fonds pourrait être constitué au moyen du versement, par tous les militaires actuellement en activité, d'une cotisation mensuelle supplémentaire, une fois payée.

Il serait alimenté ultérieurement par la même cotisation exigée des militaires dès leur arrivée au Corps.

Le Fonds de réserve est appelé à croître progressivement en raison de la légère surprime payée implicitement par les militaires de tous grades de plus d'un an de service et il est permis de croire qu'en cas de mobilisation générale, des secours — moins importants, il est vrai, que les précédents — pourront être également alloués dans les mêmes conditions.

Cas de mobilisation générale

Au 1er jour de la mobilisation, les versements mensuels cessent et le Fonds de réserve est réparti, en fin de campagne, au prorata du grade et de l'ancienneté des services indiqués au Tableau précité, entre les militaires réformés pour infirmités et les familles de ceux qui viendraient à décéder.

Tous les bénéficiaires devront avoir fait partie de la *Mutuelle-secours* en temps de paix.

Administration

La Société sera administrée par un Conseil analogue à celui de la *Mutuelle-vie*.

Les cotisations mensuelles sont retenues d'office sur la solde ou bien sur les centimes de poche des militaires présents ou absents comptant à l'effectif de chaque corps, y compris les subsistants étrangers et non compris les déserteurs.

Les cotisations des soldats de moins de deux ans de services, en position d'absence, seront prélevées sur le boni de l'ordinaire de l'unité à laquelle ils comptent, à raison de 0 fr. 05 par 10 jours d'absence.

Les militaires en détention, seuls, ne font pas partie de la Société (1).

Les cotisations des militaires de plus de deux ans de services, en position d'absence, leur sont retenues par les soins du Corps, soit avant leur départ, soit à leur retour.

La Loi exempte de l'impôt du timbre et des droits d'enregistrement les opérations de la Société.

Aucune retenue sur les cotisations encaissées ne sera effectuée au profit des Trésoriers et aucun Livret-police ne sera établi.

L'administration et la comptabilité seront réglées de la manière suivante :

Le Commandant d'armes, dans chaque place, désignera un Corps qui sera chargé de centraliser les opérations de la place.

Le Trésorier de ce Corps centralisateur recevra, le 2 de chaque mois, des autres Corps et services stationnés dans la place, le montant des cotisations avec une Situation numérique extraite d'un registre à souche. Cette situation porte au recto l'effectif des présents et des absents à la date du 1er du mois et, au verso, les demandes de secours formulées en exécution des statuts, avec pièces à l'appui.

Ledit Trésorier recevra également le 2 de chaque mois, par les soins du Commandant d'armes, un Etat nominatif des officiers sans troupe, présents et absents, employés régulièrement dans la place à la date du 1er du mois, et il prendra ses dispositions pour percevoir immédiatement les cotisations y afférentes.

Le même Trésorier établiera, le 3 de chaque mois, une

(1) Ils ne reçoivent pas de centimes de poche et, par suite, ne peuvent verser aucune cotisation.

Situation numérique récapitulative, totalisant les renseignements fournis par les deux sortes de documents précédents.

Il l'enverra au Conseil d'administration centralisateur de Paris, le 4e jour du mois, avec un mandat sur le Trésor dont le montant sera égal au total des cotisations recueillies. Les divers dossiers de demande de secours seront envoyés en même temps.

L'Etat nominatif et la Situation récapitulative sont, comme la Situation numérique, extraits d'un Registre dont la souche servira d'enregistrement.

Après avoir prélevé le montant des dépenses en registres et imprimés nécessaires aux Trésoriers, aux Commandants d'armes et à lui-même pour assurer le fonctionnement de la Société, le Conseil d'administration central verse le reliquat des fonds perçus partie en compte-courant à la Caisse des Dépôts et consignations, partie au Fonds de réserve.

La subvention de l'Etat qui est de 1.080.000 francs sera portée par virement, à raison de 90.000 francs par mois, au crédit de la Société.

Les pièces à fournir en cas de décès, de réforme accidentelle ou de réforme pour infirmités sont les mêmes que celles prescrites respectivement pour les Mutuelles-vie, accidents et infirmités. Elles sont remises par les bénéficiaires aux Trésoriers des corps, contre récépissé.

Aucun dossier de demande de secours ne sera admis plus de cinq ans après la date de radiation des contrôles de l'intéressé.

Les demandes sont examinées par le Conseil d'administration central dans la séance qui suit leur date de réception et une décision est prise immédiatement à leur sujet.

Les secours alloués aux bénéficiaires leur sont toujours payés par l'intermédiaire de la Caisse des Dépôts et Consignations, et ceux non réclamés dans le délai de 5 ans sont acquis au Fonds de réserve.

Les décisions du Conseil d'administration ne peuvent être attaquées qu'en Conseil d'Etat.

Statuts

Les données du présent chapitre formeront la base des statuts de la *Mutuelle-secours de l'armée*. Elles sont suffisamment explicites pour nous permettre de nous dispenser de développer ici un projet complet de statuts.

RÉSUMÉ

Résultats que doivent donner les Mutuelles de l'Armée

Leur comparaison avec ceux obtenus par les Compagnies françaises similaires

---

RÉSUMÉ

Résultats que doivent donner les Mutuelles de l'Armée. -- Leur comparaison avec ceux obtenus par les Compagnies françaises d'assurances similaires.

I. Mutuelle-Vie

Un militaire âgé de 35 ans qui voudrait garantir, par une assurance temporaire en cas de décès, un capital de *dix mille francs* à ses héritiers, devrait payer les primes annuelles suivantes :

1° aux grandes Compagnies françaises		174 fr.
2° à la Sauvegarde	de 150 à	180 »
3° aux petites Compagnies		120 »
4° à la Caisse nationale d'assurance en cas de décès[1]		121 »
5° à la *Mutuelle-vie de l'armée*	Officier	51 »
	Sous-officier et homme de troupe	41 »

La prime de la *Mutuelle-vie* est donc le quart de celle des grandes Compagnies françaises et le tiers de celle des petites Compagnies et de la Caisse nationale.

Cette prime est fixe dans notre Société, tandis qu'elle croît avec l'âge, à partir de 40 ans, dans les autres Compagnies.

Il est hors de doute que notre *Mutuelle-vie*, dont l'extrême bon marché de la prime est uniquement dû à la faible mortalité de l'armée, est en mesure de donner les sommes promises au décès de chaque sociétaire, attendu que, d'une part, sa prime a été calculée d'après la mortalité officielle des dix dernières années, et que, d'autre part, un stage préparatoire de deux ans est imposé à ceux qui veulent bénéficier des avantages qu'elle procure[2].

Nous appellerons de toutes nos forces l'attention des militaires mariés, de moins de 25 ans de services, sur ce fait qu'ils ont un besoin **absolu** *de s'assurer, surtout au début de leur carrière.*

En effet, à cette époque, la solde est encore faible et des enfants naissent, de sorte qu'aucune épargne n'est possible.

---

(1) La Caisse nationale ne garantit qu'un maximum de 1000 fr. par tête aux membres des Sociétés de secours mutuels.

(2) En outre, les catégories de militaires présentant une mortalité exceptionnelle sont astreintes au paiement d'une prime en rapport avec cette mortalité.

Malheureusement, si ces chefs de famille venaient alors à décéder, — et cette éventualité ne se produit que trop souvent, hélas! — c'est la misère désormais assise à leur foyer avec toutes ses désastreuses conséquences.

Nous estimons donc que, en présence des magnifiques résultats que doit donner la Mutuelle-vie de l'armée, *tous ceux qui ont une femme et des enfants à mettre à l'abri du besoin n'hésiteront pas à faire partie de cette Société.*

La cotisation demandée est très faible. Les officiers, avec 4 fr. 50 par mois, les sous-officiers et hommes de troupe, avec 3 fr. 40, laisseront aux leurs, en cas de décès, un Capital de *dix mille francs* (1).

Cette faible cotisation est à la portée de la bourse de quiconque veut bien faire un léger sacrifice pour assurer l'avenir des siens, et l'économie qu'elle nécessite peut être réalisée dans tous les ménages militaires, sans amener une gêne quelconque, si petite soit-elle.

Il est même à prévoir que la femme, mère de famille, sera la première à réaliser cette minime économie et à inciter son mari à mettre les siens à l'abri de la misère en les plaçant sous la protection de la *Mutualité.*

II. – Mutuelle-infirmités

En cas de réforme pour infirmités, la prime annuelle nécessaire pour faire garantir par la *Mutuelle-infirmités* un capital de *dix mille francs* est de :

25 francs pour les officiers ;

30 francs pour les sous-officiers et hommes de troupe ; soit une cotisation mensuelle de :

2 fr. 10 pour les premiers ;

2 fr. 50 pour les seconds.

A notre connaissance, il n'existe pas de compagnies françaises pratiquant l'assurance contre les infirmités; par suite, aucune d'entre elles ne peut entrer en comparaison avec la *Mutuelle-infirmités de l'armée.*

Les cotisations mensuelles, de 2 fr. 10 pour les officiers et de 2 fr. 50 pour les hommes de troupe, permettront aux militaires prévoyants de se garantir contre les risques d'invalidité provenant de maladie ou d'accident, — et ces risques ne sont pas quantité négligeable dans l'armée — pour une somme de *dix mille* francs.

Cette assurance a principalement pour but de venir au secours des militaires réformés n° 2 sans aucune gratification, et d'améliorer la situation de ceux qui ont été réformés n° 1 avec une faible gratification.

---

(1) Ce capital de 10.000 francs correspond à la moyenne des pensions de veuves des sous-officiers.

Les officiers devraient verser 9 francs par mois pour assurer un capital de 20.000 francs correspondant à la moyenne des pensions de veuves d'officiers.

III. Mutuelle-accidents

Pour garantir un capital de *dix mille francs* en cas de décès ou de *vingt mille francs* en cas d'invalidité totale, si ce décès ou cette invalidité sont le résultat d'un accident, les Compagnies françaises font payer une prime annuelle de 31 francs aux officiers ne montant pas à cheval, ou de 53 francs aux officiers montés.

La *Mutuelle-accidents de l'armée* ne leur demande que 7 fr. 20 par an pour bénéficier des mêmes garanties, soit le sixième seulement de la prime des grandes Compagnies françaises. Il est à croire qu'elle pourra donner les résultats qu'elle promet, le montant de sa prime ayant été calculé d'après la statistique des accidents qui se sont produits dans l'armée pendant les dix dernières années(1).

Quand les réservistes et les territoriaux auront vu, — grâce aux cotisations infinitésimales de *huit centimes* pour les premiers et de *quatre centimes* pour les seconds, — les familles de leurs camarades décédés toucher *mille francs*, ou bien leurs camarades eux-mêmes privés de l'usage de deux membres percevoir *deux mille francs* à la suite d'un accident survenu dans le service ou en dehors du service, ils seront amenés, croyons-nous, à étudier et à comparer les immenses avantages que procure la *Mutualité*.

De sorte qu'après chaque convocation de réservistes ou de territoriaux, il est probable que les diverses Sociétés de secours mutuels de France compteront de nombreux adhérents nouveaux.

IV. Mutuelle-secours

En raison des subventions que la *Mutuelle-secours* est appelée à recevoir de l'Etat. les résultats donnés par cette Société ne sauraient entrer en comparaison avec ceux des Compagnies françaises d'assurances qui, d'ailleurs, ne pratiquent pas l'assurance combinée en cas de décès, d'accident et d'infirmités.

Quoi qu'il en soit, nous avons démontré dans la IVe Partie que, grâce à un concours pécuniaire de l'Etat s'élevant à 0 fr. 15 par tête de mutualiste et par mois, et grâce à une cotisation mensuelle variant de 0 fr. 15 à 1 fr. 90, selon le grade de ce mutualiste, la Société était en mesure d'allouer en cas de décès, d'accident ou d'infirmités, des secours variant de 600 francs à 3000 francs.

---

(1) Si tous les militaires étaient sociétaires de la *Mutuelle-accidents*, ils toucheraient certainement le montant intégral des capitaux prévus pour chaque éventualité. Mais il est à craindre que les souscripteurs du début soient justement ceux qui présentent la plus forte proportion de risques accidentels, de sorte qu'il serait prudent de commencer par faire verser aux sociétaires des cotisations mensuelles de 0 fr. 075 et 0 fr. 10 par part, au lieu de 0 fr. 06 et 0 fr. 08. Ces nouvelles cotisations, comportant une majoration de 25 pour cent par rapport aux anciennes et d'environ 33 pour cent par rapport à la prime pure, paraissent suffisantes pour faire face à toutes les éventualités qui pourraient venir troubler le fonctionnement de notre Société à ses débuts.

Il est à prévoir que les jeunes soldats, ayant été habitués, — peut-être un peu malgré eux — à participer pendant deux ans à une œuvre de solidarité humaine, n'oublieront pas la leçon pratique de Mutualité qu'ils auront apprise au Régiment et qu'ils s'empresseront de faire partie de la Société de secours mutuels de leur commune dès qu'ils seront rentrés dans leurs foyers.

Tels sont, au triple point de vue social, moral et pécuniaire, les brillants et surprenants résultats que l'on peut attendre de l'extension du principe de la Mutualité dans l'armée.

Rien ne s'oppose d'ailleurs à ce que les *Mutuelles-vie, infirmités et accidents,* qui font l'objet des Ire, IIe et IIIe Parties de la présente étude, soient constituées par les Officiers seuls, dans le cas où ils ne pourraient pas faire partie, à titre de membres participants, des Sociétés régimentaires de secours mutuels en voie de création dans les Corps de troupe.

ANNEXES

I. — Des autres branches d'Assurances qui pourraient être avantageusement introduites dans l'Armée.

II. — Participation des Réserves de l'Armée de terre, des Troupes coloniales et de l'Armée de mer, aux avantages des Mutuelles de l'Armée active.

ANNEXE I

Des autres branches d'Assurances qui pourraient être avantageusement introduites dans l'Armée.

Leur énumération

Parmi les autres branches d'assurances qui pourraient, grâce à la Mutualité, être mises à la disposition des militaires, nous citerons :

1° l'assurance en cas de vie ;

2° l'assurance en cas d'incendie ;

3° l'assurance contre la responsabilité pécuniaire des officiers en matière d'administration ;

4° l'assurance contre la responsabilité civile des militaires par suite d'accidents causés aux tiers.

I. Assurance en cas de vie

Ainsi que nous l'avons sommairement indiqué au Chapitre II de la Ire Partie, l'assurance en cas de vie consiste dans le paiement à l'assuré d'un capital ou d'une rente viagère, s'il est vivant à l'âge convenu et désigné sur le contrat.

Cette assurance est relativement chère, même offerte à prix coûtant, et les militaires n'ont pas en général des ressources suffisantes pour y avoir recours.

En effet, nous avons vu, dans le Chapitre II de la IVe Partie, qu'une pension viagère de 360 francs à l'âge de 50 ans nécessitait, pendant les 25 années précédentes, le paiement d'une cotisation *mensuelle* de 8 fr. 80 ; et nous avons fait remarquer que cette retenue sur la solde serait trouvée excessive par la majorité des militaires.

C'est pourquoi il sera impossible, malgré les largesses des membres donateurs et de l'Etat lui-même, de réaliser la promesse alléchante formulée dans les termes suivants par quelques mutualistes militaires :

« *Avec une cotisation de 0 fr. 50 par mois*, les militaires « auront droit pour eux et leurs familles

« 1° A des allocations journalières en cas de maladie (1) ;
« 2° *A une pension de retraite* (2) ;
« 3° A des frais de funérailles ;
« 4° A des secours en cas de décès ».

Nous estimons que de telles promesses amèneront fatalement des déceptions qui feront plutôt reculer qu'avancer la question du développement de la Mutualité dans l'armée.

A notre grand regret, nous ne pouvons donc proposer la création d'une *Mutuelle-retraite de l'armée*, d'autant plus que les militaires prévoyants désireux d'améliorer leur pension peuvent toujours avoir recours à la Caisse nationale des retraites pour la vieillesse. Cette Caisse, à notre avis, n'est qu'une vaste *Mutuelle-retraite* comprenant tous les Français de bonne volonté qui font de la mutualité sans le savoir ; de sorte que tous ces derniers peuvent, eux aussi, être qualifiés de mutualistes, sans crainte de se tromper.

II. — Assurance en cas d'incendie

Si nous parcourons les comptes-rendus des Compagnies d'assurances contre l'incendie, ou plutôt si nous lisons entre les lignes de ces comptes-rendus, nous y constaterons le fait suivant : Sur 200.000 francs de primes payées par les assurés, 100.000 francs, soit la moitié, sont rendus aux sinistrés, et 100.000 francs, soit l'autre moitié, sont conservés par la Compagnie, *à titre de frais d'administration.*

Ces frais comprennent le traitement fixe des agents, la remise entière de la prime de la première année afférente à tout contrat nouveau, les remises sur les primes ultérieures encaissées, les dividendes aux actionnaires, etc., etc.

Nous ne ferons qu'énumérer ces frais colossaux, gonflés comme à plaisir ; ils démontrent suffisamment que l'*Assurance-incendie* est une source de revenus prospère pour ceux qui la pratiquent.

Nous ne nous élèverons pas non plus contre leur exagération, puisque les assurés, sans doute par suite d'apathie, continuent à avoir recours aux Compagnies par actions au lieu de faire partie de Mutuelles dirigées par des administrateurs désintéressés.

Le taux de la prime annuelle exigée par les Compagnies pour couvrir les risques d'incendie du mobilier des militaires étant de 0 fr. 75 par mille francs, nous pouvons donc

(1) D'après la statistique médicale de 1902, p. 19, les journées d'indisponibilité à l'infirmerie et à l'hôpital ont été en moyenne de 13,9 par homme d'effectif pendant l'année 1902.

Par suite, une cotisation mensuelle de 0 fr. 50, soit 6 francs par homme d'effectif et par an, permettrait de distribuer à chaque homme malade à l'infirmerie ou à l'hôpital une allocation journalière de 6 : 13,9 = 0 fr. 43.

(2) Si la cotisation mensuelle de 0 fr. 50 était entièrement affectée à la constitution de la pension de retraite promise, elle ne permettrait de donner à l'âge de 50 ans et après 25 années de sociétariat qu'une rente viagère insignifiante de 20 francs, d'après le Tarif 3 1/2 0/0 C. R. de la Caisse nationale des retraites pour la vieillesse, ou bien de 25 francs d'après le Barème de retraite Ramé à 4 1/2 0/0.

pratiquer d'emblée l'*Assurance-incendie* avec une prime moitié moindre, soit 0 fr. 37 pour mille seulement.

Et même, si nous écartons de l'assurance les petits sinistres de 50 francs dont le nombre est considérable et qui ne pèseraient guère sur le budget des ménages militaires, on diminuerait de ce fait dans de grandes proportions la comptabilité de la *Mutuelle-incendie* dont nous proposons la création, et on pourrait abaisser la prime annuelle à 0 fr. 25 par mille francs, au lieu de 0 fr. 75.

De sorte qu'un sous-officier marié qui paie actuellement trois francs à une Compagnie d'assurances ne verserait plus qu'un franc à la *Mutuelle-incendie de l'armée.*

Avec les deux francs qu'il aurait ainsi économisés, il pourrait se garantir gratuitement contre les risques de responsabilité civile par suite d'accident causé à un tiers, ainsi que nous le verrons plus loin.

Le règlement des sinistres se ferait sous la surveillance du Trésorier du corps du militaire intéressé au moyen d'experts, ainsi que cela se pratique dans les Compagnies d'assurances.

La Société serait administrée de la même manière que la *M[illegible]uelle-vie.*

Afin d'assurer son fonctionnement dès ses débuts, et afin de constituer un Fonds de réserve, un droit fixe d'admission de 0 fr. 50 par mille francs assurés sera exigé de tout sociétaire nouveau.

III. — Assurance contre la responsabilité pécuniaire des officiers en matière d'administration

Malgré la surveillance exercée, il arrive parfois que des sergents-majors ou fourriers, voire même des trésoriers prennent la fuite après avoir commis des détournements dont sont rendus responsables, de par les règlements en vigueur, soit le Capitaine commandant la Compagnie, soit les membres du Conseil d'administration intéressé.

De sorte qu'une retenue d'un cinquième sur la solde des officiers dont la responsabilité est engagée est ordonnée par le Ministre. Cette retenue amène une gêne considérable dans leur budget familial.

Mais les risques dont nous venons de parler sont heureusement assez rares dans l'armée, de sorte qu'une prime relativement faible sera suffisante pour garantir ceux qui s'y trouvent exposés.

Le montant de cette prime ne saurait être définitivement fixé qu'après une étude récapitulative des sommes détournées pendant les dix dernières années, mais nous n'avons pas en mains les éléments d'appréciation nécessaires.

Nous croyons cependant qu'une prime annuelle de 6 francs, c'est-à-dire une cotisation mensuelle de 0 fr. 50, serait nécessaire et suffisante pour obtenir une garantie illimitée, c'est-à-dire pour que les retenues ordonnées par le Ministre sur la solde des officiers responsables leur soient remboursées intégralement par la Société.

Enfin, une cotisation fixe de 6 francs, exigée de tout nouvel adhérent et remboursée au moment de sa radiation des contrôles, permettrait la constitution immédiate d'un Fonds de réserve à la *Mutuelle-responsabilité administrative des officiers*, dont nous proposons la création.

IV. — Assurance contre la responsabilité civile des militaires par suite d'accidents causés aux tiers

Quand un militaire, en dehors du service, a causé du dommage à un tiers, sa responsabilité est engagée en vertu des articles 1.382 à 1.386 du Code civil.

Le but de la *Mutuelle-responsabilité civile de l'armée* est de garantir d'une manière illimitée toutes les demandes ou revendications en dommages-intérêts qui pourraient être formulées par des tierces personnes blessées ou tuées à la suite d'accident causé soit par l'assuré ou les membres de sa famille vivant habituellement sous son toit, soit par ses domestiques, chiens, chevaux, voitures, etc., ou bien encore à la suite d'un accident imputable à l'immeuble qu'il habite.

L'exercice de tous les sports, chasse, tir, escrime, canotage, équitation, promenade en voiture, etc., est compris dans la garantie. L'automobilisme seul fait exception, mais il est couvert moyennant le paiement d'une surprime de 5 pour cent par cheval du moteur employé.

Ne sont exclus de l'assurance que :

1° Les accidents corporels dont les membres de la famille du contractant, non compris les domestiques, viendraient à être victimes ;

2° Les accidents corporels occasionnés volontairement ;

3° Les accidents corporels causés par l'exercice d'une autre profession.

Nous croyons que l'on peut demander sans inconvénient aux militaires une prime variable avec le grade, attendu que les risques croissent avec ce grade par suite de l'augmentation du nombre de domestiques, chevaux, voitures, etc.

Nous doublerons cette prime pour les militaires mariés afin de garantir les risques analogues provenant de leur famille.

Bien que nous ne possédions pas de statistiques relatives aux catégories d'accidents que nous venons d'indiquer, nous estimons cependant que les primes suivantes peuvent suffire, si on a soin de diminuer d'une somme fixe de cent francs, laissée à la charge de l'assuré, le montant des dommages-intérêts alloués. De cette manière, on réduira considérablement la comptabilité de la société en ne faisant pas entrer en ligne de compte la multitude des petits sinistres inférieurs à cent francs, qui peuvent être facilement réglés par les intéressés eux-mêmes sans se mettre dans la gêne.

GRADES		COTISATIONS mensuelles	
		Célibataires	Mariés
Caporal et Soldat......	avant 4 ans de services	0fr05	0fr10
	après 4 ans »	0 10	0 20
Sergent...............	avant 4 ans »	0 10	0 20
	après 4 ans »	0 15	0 30
Sergent Mer et Adjudant	avant 4 ans »	0 15	0 30
	après 4 ans »	0 20	0 40
Sous-Lieutenant..............................		0 25	0 50
Lieutenant..............................		0 30	0 60
Capitaine..............................		0 40	0 80
Chef d'Escadron..............................		0 50	1 00
Lieutenant-Colonel..............................		0 55	1 10
Colonel..............................		0 65	1 30
Général..............................		0 75	1 50

Si tous les militaires faisaient partie de la Société, on recueillerait annuellement les cotisations suivantes :

Soldats......	500.000 × 0,05 × 12 =	300.000	francs
Sous-Officiers	40.000 × 0,15 × 12 =	72.000	—
Officiers.....	30.000 × 0,70 × 12 =	252.000	—
	Total........	624.000	

Il ne se produit certainement pas pour 600.000 francs de dommages, supérieurs à cent francs, causés annuellement à des tiers par des militaires, de sorte que les primes ci-dessus paraissent largement suffisantes et susceptibles même de réduction ultérieure.

Nous avons laissé entrevoir plus haut qu'avec l'argent économisé en faisant partie de la *Mutuelle-incendie* on pouvait s'assurer gratuitement à la *Mutuelle-responsabilité civile*.

En effet, l'économie de 2 francs réalisée par un sergent marié est presque suffisante pour payer la prime de 2 fr. 40 qui lui est réclamée pour garantir ses risques de responsabilité civile.

De même, un officier qui paie 12 francs de *prime-incendie* à une Compagnie d'assurances n'aura plus à verser que

4 francs à notre *Mutuelle-incendie ;* et, avec les 8 francs de bénéfice, il pourra gratuitement, s'il est lieutenant marié, faire partie de la *Mutuelle-responsabilité civile*, attendu que la prime annuelle afférente à son grade n'est que de 7 fr. 20.

Le règlement des sinistres aurait lieu, soit à la suite d'une transaction dans laquelle le juge de paix aura été pris pour arbitre, soit à la suite d'un jugement rendu par le Tribunal de première instance et fixant le chiffre des dommages.

Un Fonds de réserve pourrait être constitué au moyen du paiement d'une cotisation double pendant la première année par tout nouvel adhérent.

L'excédent de prime ainsi versé sera restitué aux sociétaires dès que les ressources le permettront, sinon, au plus tard, au moment de leur radiation des contrôles de l'activité.

ANNEXE II

Participation des Réserves de l'Armée de terre, des Troupes coloniales et de l'Armée de mer aux avantages des Mutuelles de l'Armée active.

I. Réserves de l'Armée de terre

La **Mutuelle-accidents** ne peut guère être appliquée aux réservistes et aux territoriaux, — officiers et troupe, — que pendant la durée de leurs périodes d'exercices.

Les accidents dont ils sont victimes dans la vie civile au cours de l'exercice de leur profession ne peuvent pas être couverts par notre Société. S'ils désirent garantir ces risques, ils n'auront qu'à s'adresser à la Caisse nationale d'assurance en cas d'accident qui n'est autre qu'une vaste mutuelle, gérée par la Caisse des Dépôts et Consignations avec le moins de frais possible.

La **Mutuelle-infirmités** est susceptible d'être appliquée aux officiers et aux hommes de troupe des réserves, car la proportion de leurs réformes n'est en moyenne chaque année que de 10 pour mille de l'effectif des appelés (1), c'est-à-dire seulement de 3,33 (2) pour mille de leur effectif total, puisque les réservistes ne sont convoqués que deux fois dans les

(1) D'après les statistiques médicales de l'armée.
(2) 3,33 = 10 × 2 : 6.

5 ans qui suivent leur radiation des contrôles de l'activité.

Une prime moyenne de 3 fr. 35 par an sera donc suffisante pour garantir à un réserviste 1.000 francs en cas de réforme pour infirmités (maladies ou accidents).

Toutefois, une surprime atteignant jusqu'à 50 pour cent devra être établie pour ceux qui exercent des professions particulièrement dangereuses.

La **Mutuelle-vie** est également susceptible d'être appliquée aux réservistes et aux territoriaux, — officiers et troupe, — en raison de leur faible mortalité probable.

En effet, nous avons vu que les militaires en activité, âgés de moins de 45 ans, ne présentaient qu'une mortalité de 4 pour mille, bien inférieure à la mortalité générale qui est de 11 pour mille.

Il est vraisemblable qu'une fois rendus à la vie civile, leur mortalité doit augmenter légèrement, sans toutefois dépasser 6 ou 7 pour mille, car les réformes prononcées annuellement parmi eux dans la proportion de 3,33 pour mille réduisent encore cette mortalité, par suite de l'élimination des individus inaptes à faire campagne.

De sorte qu'une prime moyenne de 6 à 7 francs par an paraît suffisante pour garantir un capital de 1.000 francs à la famille d'un réserviste ou territorial décédé dans l'année[1].

Toutefois, une surprime allant jusqu'à 25 pour cent sera exigée de ceux qui exercent des professions dangereuses.

En résumé, les officiers et hommes de troupe des réserves auraient donc avantage à faire partie des *Mutuelles-vie et infirmités de l'armée,* ces deux mutuelles réunies couvrant d'ailleurs tous les risques garantis par la *Mutuelle-accidents.*

II. Troupes coloniales

Les Compagnies françaises d'assurances sur la vie et contre les accidents se refusent à assurer les risques de séjour aux Colonies, à moins du paiement d'une surprime très élevée.

Il serait possible de faire bénéficier les militaires de tous grades des troupes coloniales des avantages présentés par les **Mutuelles de l'armée**, en leur faisant payer une prime correspondant à leur mortalité moyenne des dix dernières années.

Ne possédant pas de statistiques médicales les concernant, nous ne pouvons indiquer d'une manière bien précise quel serait le montant exact de la prime nécessaire pour assurer 1.000 francs.

Toutefois, si nous prenons pour terme de comparaison les Régiments étrangers d'Algérie qui détachent en perma-

(1) Afin de simplifier la comptabilité, la prime sera versée en une seule fois dans le courant de janvier et non par mensualités.

nence des troupes aux colonies, nous pouvons admettre que la mortalité des troupes coloniales doit sensiblement égaler la leur, c'est-à-dire demeurer dans le voisinage de 16 pour mille.

De sorte que les cotisations mensuelles relatives à une part seraient les mêmes que celles exigées des militaires métropolitains en station ou voyageant hors d'Europe, c'est-à-dire :

1 fr. 45 à la **Mutuelle-vie** ;
1 fr. 10 à la **Mutuelle-infirmités** ;
0 fr. 35 à la **Mutuelle-accidents.**

En ce qui concerne la **Mutuelle-secours**, nous proposons d'allouer aux militaires coloniaux les mêmes sommes qu'à leurs camarades métropolitains et dans les mêmes conditions.

Pour obtenir ce résultat, il faudra majorer les retenues obligatoires sur la solde indiquées dans la IVe Partie dans la proportion de l'excédent de mortalité, c'est-à-dire de [16 — 5,26] : 5,26, soit de 204 pour cent. De sorte que ces retenues varieront de 0 fr. 45 pour un soldat de moins de 2 ans de services à 5 fr. 70 pour un officier.

La subvention de l'État, qui est de 0 fr. 15 par tête de militaire métropolitain, sera de 0 fr. 45 par tête de militaire colonial, et devra atteindre annuellement le chiffre suivant :

0 fr. 45 × 12 × 87.400 (1) = 472.000 francs.

La solde et les indemnités des militaires coloniaux étant très élevées, il est donc facile à ces derniers de verser des cotisations triples de celles de leurs camarades de l'armée de terre pour bénéficier des mêmes avantages et faire en même temps œuvre de mutualité.

III. Armée de mer

A. — **Mutuelle-vie.** D'après les statistiques médicales de la Marine dressées depuis 1899, la proportion pour mille des décès par rapport à l'effectif pendant les années 1899, 1900 et 1901 a été la suivante :

1° Flotte entière...............	année 1899 :	6,69
	— 1900 :	11,04
	— 1901 :	7,33
	Moyenne.. :	8,35 (2)
2° Arsenaux et Etablissements..	année 1900 :	11,9
	— 1901 :	10,7
	Moyenne.. :	11,3 (3)

(1) L'effectif des troupes coloniales est de 87.400 hommes, dont 28.600 en France et 58.800 aux colonies.
(2) La proportion des suicides a été environ de 0,15 pour mille de l'effectif.
(3) Les renseignements nous font défaut pour l'année 1899.

En conséquence, et bien que les Compagnies françaises d'assurances sur la vie se refusent à garantir les marins en cas de décès à moins de leur faire payer une surprime très élevée, nous pouvons donc faire bénéficier des avantages de la *Mutuelle-vie* nos camarades de l'armée de mer en fixant le taux de la cotisation mensuelle, par part de 1.000 francs, à :

8,35×1,03 : 12 = 0 fr. 72, pour le personnel de la flotte ;
11,3×1,03 : 12 = 0 fr. 97, pour celui des arsenaux et établissements.

B. — **Mutuelle-infirmités.** La proportion pour mille des réformes prononcées après l'arrivée au corps a été la suivante :

1° Flotte entière	année 1899 :	17,43
	— 1900 :	15,03
	— 1901 :	13,55
	moyenne. . :	15,34 (1)
2° Arsenaux et Etablissements... :	année 1901 :	2,2 (2)

Le nombre de réformes pour infirmités des sous-officiers de la flotte entière a été, en 1901, de 19 au total, ce qui donne une proportion de 3,5 pour mille de leur effectif (3).

Les réformes de la troupe après l'incorporation étant de 15,34 pour mille, il en résulte donc que l'observation relative à la diminution des réformes avec les années de service que nous avons faite dans l'armée de terre est applicable à l'armée de mer, c'est-à dire que les réformes des quartiers-maîtres et matelots décroissent d'année en année pour tomber à 3,5 pour mille après 4 ans de services, comme chez les sous-officiers.

A défaut d'autres renseignements, nous admettrons provisoirement que les réformes d'officiers sont également de 3,5 pour mille.

Par suite nous pouvons garantir un capital de 1.000 francs au personnel de l'armée de mer, en cas de réforme pour infirmités, moyennant le paiement d'une cotisation mensuelle fixée à :

3,5×1,03 : 12 = 0 fr. 30	pour les quartiers-maîtres et matelots de plus de 4 ans de services, les sous-officiers et les officiers de la flotte ;
2,2×1,03 : 12 = 0 fr. 19	pour les ouvriers, contremaîtres et chefs contremaîtres des arsenaux et établissements.

(1) En 1901, les retraites et réformes n° 1, d'une part, et les réformes n° 2, d'autre part, se trouvaient dans la proportion de 1 à 3.

(2) Les renseignements nous font défaut pour les années 1899 et 1900.

(3) Les statistiques de la Marine ne donnent pas encore la proportion des réformes des officiers.

C. — **Mutuelle-accidents.** La proportion pour mille des décès accidentels, y compris les tués à l'ennemi et non compris les suicides, a été la suivante :

Flotte entière	année 1899 :	0,40
	— 1900 :	2,13
	— 1901 :	0,39
	moyenne... :	0,97
Arsenaux et Etablissements	année 1901 :	0,24

La proportion pour mille des réformes accidentelles après l'arrivée au corps a été la suivante :

Flotte entière ;.....................	année 1901 :	0,70
Arsenaux et Etablissements ;.......	année 1901 :	0,94

Le degré moyen de gravité de l'infirmité entraînant la réforme étant de 30 pour cent, il s'ensuit que la cotisation mensuelle à verser pour obtenir 1.000 francs en cas de décès et 2.000 francs en cas d'invalidité totale est de :

[0,97+0,70×30 : 50]×1.03 : 12 = 0 fr. 12 pour les marins ;
[0,24+0,94×30 : 50]×1.03 : 12 = 0 fr. 07 pour les ouvriers.

D. — **Mutuelle-secours.** Nous proposons d'allouer aux marins de la flotte et aux ouvriers des arsenaux les mêmes secours qu'aux militaires de l'armée de terre et dans des conditions identiques. Le montant des cotisations seul est appelé à différer.

D'après ce qui précède, — §§ A, B, C — pour garantir cent francs en cas de décès, d'invalidité accidentelle de 50 pour cent, et de réforme pour infirmités, les cotisations mensuelles doivent être les suivantes :

Flotte entière	Cas de décès et cas de réforme pour invalidité accidentelle de 50 pour cent. (Quartiers-maîtres et matelots ayant moins de 4 ans de services.)	0,072 + 0,004 (1) = 0 fr. 076
	Cas de décès et cas de réforme pour infirmités. (Quartiers-maîtres et matelots ayant plus de 4 ans de services, sous-officiers et officiers).	0,072 + 0,030 = 0 fr. 102
Arsenaux et Etablissements	Cas de décès et cas de réforme pour invalidité accidentelle de 50 pour cent. (Personnel ayant moins de 4 ans de services).	0,097 + 0,005 (2) = 0 fr. 102
	Cas de décès et cas de réforme pour infirmités. (Personnel ayant plus de 4 ans de services).	0,097 + 0,019 = 0 fr. 116

La subvention allouée par l'Etat devant être répartie également entre chaque tête de marin ou employé bénéficiaire, quel que soit son grade, et calculée en même temps de

(1) 0 fr. 004 = [0 fr. 070×30] : [50×12]
(2) 0 fr. 005 = [0 fr. 094×30] : [50 × 12]

manière à atteindre 300 francs pour tout cas de décès ou de réforme accidentelle, il s'ensuit qu'elle doit s'élever à :

0 fr. 076 × 3 × 12 × 39.660 (1) = 108.000 francs par an pour la flotte ;
et 0 fr. 102 × 3 × 12 × 32.798 (2) = 120.000 francs par an pour les arsenaux ;
soit un total de 228.000 francs pour la marine entière.

Enfin, les cotisations mensuelles obligatoires et le montant des secours alloués sont indiqués dans le Tableau ci-après :

GRADES		CALCULS	Cotisations mensuelles obligatoires	MONTANT DES SECOURS		
				Cas de décès	Cas de réforme accidentelle [degré de gravité 50] (3)	Cas de réforme pour infirmités (maladies et accidents)
Flotte entière						
Matelot ou assimilé	avant 2 ans de services	0 fr. 076 × 6 — 0 fr. 23	0 fr. 23	600 fr.	600 fr.	» fr.
	après 2 ans —	0 fr. 076 × 7 — 0 fr. 23	0 31	700	700	»
	après 4 ans —	0 fr. 102 × 7 — 0 fr. 23	0 49	700	»	700
Quartier-maître ou assimilé	avant 2 ans —	0 fr. 076 × 9 — 0 fr. 23	0 46	900	900	»
	après 2 ans —	0 fr. 076 × 10 — 0 fr. 23	0 53	1.000	1.000	»
	après 4 ans —	0 fr. 102 × 10 — 0 fr. 23	0 79	1.000	»	1.000
Sous-Officier ou assimilé	avant 2 ans —	0 fr. 102 × 11 — 0 fr. 23	0 90	1 100	»	1.100
	après 2 ans —	0 fr. 102 × 15 — 0 fr. 23	1 30	1.500	»	1.500
	après 4 ans —	0 fr. 102 × 20 — 0 fr. 23	1 80	2.000	»	2.000
Officier ou assimilé		0 fr. 102 × 30 — 0 fr. 23	2 83	3 000	»	3.000
Arsenaux et établissements						
Apprenti		0 fr. 102 × 6 — 0 fr. 31	0 fr. 31	600 fr.	600 fr.	»
Ouvrier	avant 4 ans	0 fr. 102 × 9 — 0 fr. 31	0 61	900	900	»
	après 4 ans	0 fr. 116 × 10 — 0 fr. 31	0 85	1.000	»	1.000 fr.
Contre-maître ou assimilé		0 fr. 116 × 15 — 0 fr. 31	1 43	1.500	»	1.500
Chef contre-maître ou assimilé		0 fr. 116 × 20 — 0 fr. 31	2 01	2.000	»	2.000

En résumé, les cotisations mensuelles que nous avons indiquées ci-dessus, dans les *Mutuelles-vie, infirmités, accidents et secours* (4), sont tout à fait à la portée du personnel de la marine qui reçoit d'ailleurs à rang égal une solde et des indemnités supérieures à celles du personnel du département de la guerre. Il sera donc facile à l'armée de mer de bénéficier des mêmes avantages que l'armée de terre, tout en faisant comme elle œuvre de mutualité.

Oran, le 1er août 1905.

(1) L'effectif total de la flotte entière est de 39.660 marins.
(2) L'effectif total des arsenaux et établissements est de 32.798 ouvriers.
(3) Une réforme accidentelle, avec degré de gravité 20, donnera droit aux 20/50 des sommes indiquées dans cette colonne.
(4) Les taux de ces cotisations ne sont qu'approximatifs et donnés seulement à titre d'indication ; ils ne pourront vraisemblablement être calculés exactement que dans plusieurs années. En effet, la Statistique médicale de la Marine de 1901, qui nous a servi à établir ces taux provisoires, n'est que le 3e document de ce genre faisant partie d'une série commencée en 1899.

TABLE DES MATIÈRES

IIIe PARTIE

De l'Assurance-Accidents dans l'Armée

IVe PARTIE

Des Secours Mutuels dans l'Armée

RÉSUMÉ

ANNEXE I

ANNEXE II

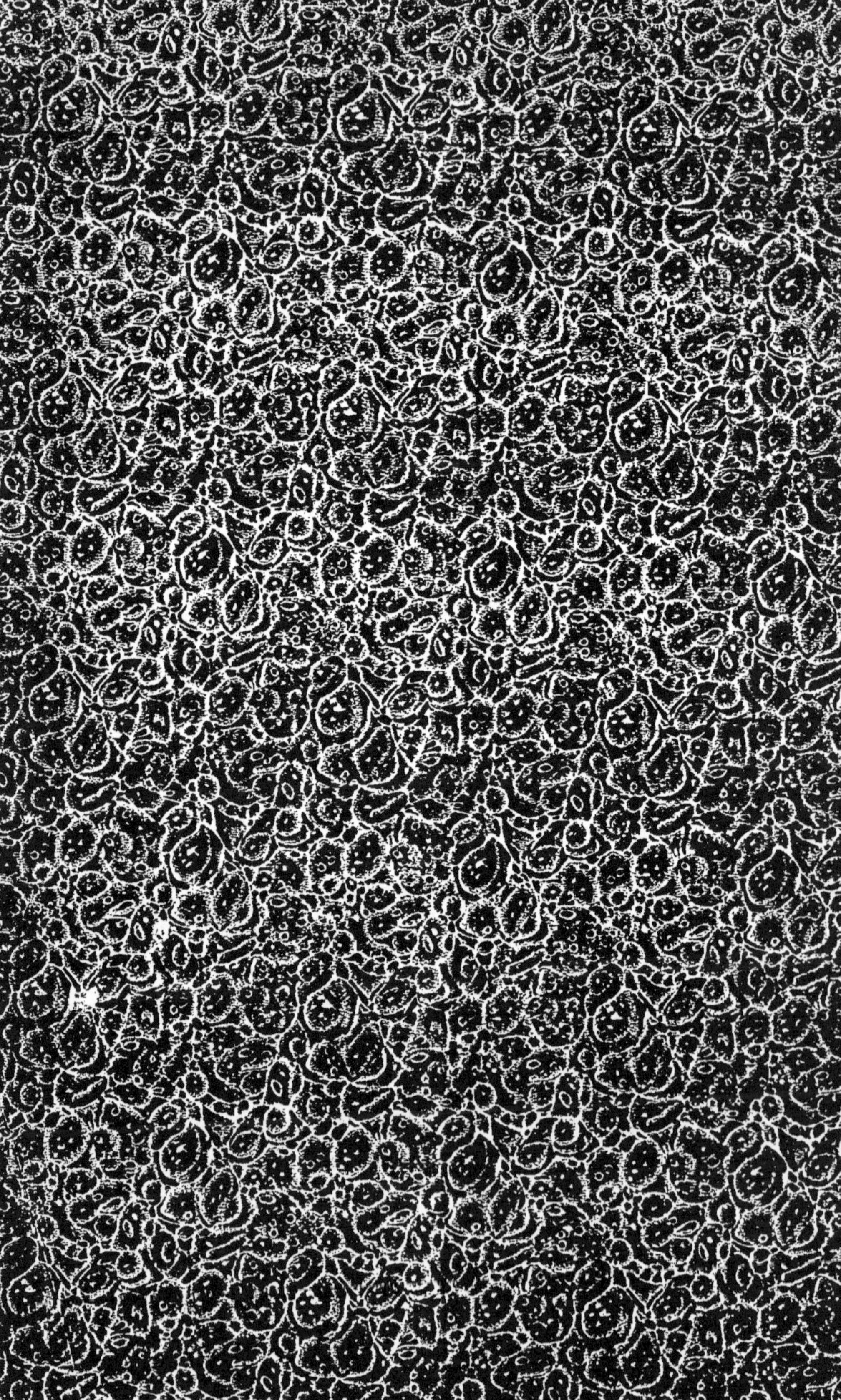

www.ingramcontent.com/pod-product-compliance
Lightning Source LLC
LaVergne TN
LVHW020332230826
846091LV00003B/841